PERSONAJES DE LA HISTORIA MALIGNOS

Los Seres más Malignos de la Historia

CASEY RHODES

© **Copyright 2022 – Casey Rhodes - Todos los derechos reservados.**

Este documento está orientado a proporcionar información exacta y confiable con respecto al tema tratado. La publicación se vende con la idea de que el editor no tiene la obligación de prestar servicios oficialmente autorizados o de otro modo calificados. Si es necesario un consejo legal o profesional, se debe consultar con un individuo practicado en la profesión.

- Tomado de una Declaración de Principios que fue aceptada y aprobada por unanimidad por un Comité del Colegio de Abogados de Estados Unidos y un Comité de Editores y Asociaciones.

De ninguna manera es legal reproducir, duplicar o transmitir cualquier parte de este documento en forma electrónica o impresa.

La grabación de esta publicación está estrictamente prohibida y no se permite el almacenamiento de este documento a menos que cuente con el permiso por escrito del editor. Todos los derechos reservados.

La información provista en este documento es considerada veraz y coherente, en el sentido de que cualquier responsabilidad, en términos de falta de atención o de otro tipo, por el uso o abuso de cualquier política, proceso o dirección contenida en el mismo, es responsabilidad absoluta y exclusiva del lector receptor. Bajo ninguna circunstancia se responsabilizará legalmente al editor por cualquier reparación, daño o pérdida monetaria como consecuencia de la información contenida en este documento, ya sea directa o indirectamente.

Los autores respectivos poseen todos los derechos de autor que no pertenecen al editor.

La información contenida en este documento se ofrece únicamente con fines informativos, y es universal como tal. La presentación de la información se realiza sin contrato y sin ningún tipo de garantía endosada.

El uso de marcas comerciales en este documento carece de consentimiento, y la publicación de la marca comercial no tiene ni el permiso ni el respaldo del propietario de la misma.

Todas las marcas comerciales dentro de este libro se usan solo para fines de aclaración y pertenecen a sus propietarios, quienes no están relacionados con este documento.

Índice

Introducción	vii
1. Vlad el Empalador	1
2. Adolf Hitler	13
3. Joseph Stalin	31
4. Pol Pot	45
5. Heinrich Himmler	67
6. Saddam Hussein	85
7. Idi Amin	107
8. Iván el Terrible	117
9. Leopold II	129
10. Mao Zedong	147
Conclusión	159
Referencias	161

Introducción

A lo largo de su historia, la humanidad ha tenido muy buenos momentos: se inventó la rueda, la imprenta, el telescopio, hubo avances sociales, innovaciones tecnológicas, nuevos descubrimientos, floreció el arte y las ciencias… Pero también, existieron eventos inhumanos, crueles, malignos y dolorosos, que no deben ser olvidados pues estaríamos condenados a repetirlos.

Los procesos de pensamiento y motivaciones de cada una de las personas a las que nombraremos en este libro pueden parecer imposibles de concebir, y esto es algo realmente preocupante, pues a estas convicciones les acompañó una gran capacidad de oratoria y convencimiento, que llevó a la humanidad a cometer (o ser sometidos a) actos terribles.

Introducción

A lo largo de 10 capítulos, recorreremos 10 historias de vida diferentes, desde la infancia de cada personaje maligno hasta los eventos que los llevaron a las posiciones de poder y a las ideologías crueles e inhumanas que les acompañaron.

Es importante mencionar también, que a pesar de que pareciera que universalmente estos actos son terribles, existen personas aún que se encuentran en otro esquema de pensamiento, convencidos de que cada uno de estos males se realizó en favor del bien común. Ya sea por falta de información o un entendimiento tergiversado de los hechos.

En este libro podrás tener una perspectiva general de la vida de estos personajes y crear tu propio criterio, y siempre te invito a investigar más y más si así lo deseas, pues de cada uno de los hombres cuyas historias se presentan a continuación, podríamos escribir más de un libro entero.

Espero que estas páginas te ayuden a aprender mucho, a entender el contexto de los eventos actuales y a conocer un poco más sobre algunas historias que podemos llegar a obviar o no darles la importancia que merecen. Este libro busca evidenciar eventos atroces que no debemos olvidar nunca, pues no hay ningún tipo de interés o convencimiento bajo el que se justifique cobrar la vida de ningún inocente.

1

Vlad el Empalador

Las leyendas de vampiros se remontan a varios siglos atrás, pero pocos nombres han infundido más terror en el corazón humano que Drácula. Sin embargo, el personaje de ficción, creado por el autor Bram Stoker, se basó de hecho en una figura histórica real llamada Vlad el Empalador.

Vlad el Empalador (también conocido como Vlad III, Príncipe de Valaquia), fue un señor de la guerra medieval, en lo que hoy es Rumanía, en el sureste de Europa.

Stoker usó elementos de la historia real de Vlad para el personaje principal de su novela de 1897 "Drácula".

. . .

Desde entonces, el libro ha inspirado innumerables películas de terror, programas de televisión y otros cuentos espeluznantes.

Sin embargo, según historiadores y eruditos literarios, como Elizabeth Miller, que ha estudiado el vínculo entre el personaje de Stoker y Vlad III, los dos Drácula realmente no tienen mucho en común. Vlad el Empalador nació en 1431, en lo que hoy es Transilvania, la región central de la actual Rumanía. Sin embargo, el vínculo entre Vlad el Empalador y Transilvania es tenue.

El padre de Vlad III, Vlad II, poseía una residencia en Sighişoara, Transilvania, pero no es seguro que Vlad III haya nacido allí. También es posible que Vlad el Empalador naciera en Târgovişte, que en ese momento era la sede real del principado de Valaquia, donde su padre era un "voivoda" o gobernante. También está Castelul Corvinilor, también conocido como Castillo Corvin, donde Vlad pudo haber sido encarcelado por el gobernador húngaro John Hunyadi.

En 1431, el rey Segismundo de Hungría, que más tarde se convertiría en el emperador del Sacro Imperio

Romano Germánico, incorporó al anciano Vlad (II) a una orden de caballeros, la Orden del Dragón.

Esta designación le valió a Vlad II un nuevo apellido: Dracul. El nombre proviene de la antigua palabra rumana para dragón, "drac".

Su hijo, Vlad III, más tarde sería conocido como el "hijo de Dracul" o, en rumano antiguo, Drăculea, de ahí Drácula. En rumano moderno, la palabra "drac" se refiere al diablo. Según "*Dracula: Sense and Nonsense*" de Elizabeth Miller, en 1890 Stoker leyó un libro sobre Valaquia, y aunque no se mencionó a Vlad III, a Stoker le llamó la atención la palabra "Drácula". Escribió en sus notas, "en idioma valaco significa DIABLO". Por lo tanto, es probable que Stoker eligiera nombrar a su personaje Drácula por las asociaciones diabólicas de la palabra.

La teoría de que Vlad III y Drácula eran la misma persona fue desarrollada y popularizada por los historiadores Radu Florescu y Raymond T. McNally en su libro "*En busca de Drácula*". Aunque estuvo lejos de ser aceptada por todos los historiadores, la tesis se apoderó de la imaginación del público.

. . .

La Orden del Dragón se dedicó a una tarea singular: la derrota del Imperio turco u otomano.

Situado entre la Europa cristiana y las tierras musulmanas del Imperio Otomano, el principado de la Valaquia natal de Vlad II (y más tarde de Vlad III) fue con frecuencia escenario de sangrientas batallas cuando las fuerzas otomanas empujaron hacia el oeste hacia Europa, y las fuerzas cristianas rechazaron a los invasores.

Cuando Vlad II fue llamado a una reunión diplomática en 1442 con el sultán otomano Murad II, llevó consigo a sus hijos pequeños Vlad III y Radu. Pero la reunión fue en realidad una trampa: los tres fueron arrestados y tomados como rehenes. Vlad mayor fue liberado con la condición de que dejara atrás a sus hijos. Otros, argumentan que Vlad II envió a Vlad Junior y su hermano Radu como rehenes reales a la corte otomana.

El sultán retuvo a Vlad y a su hermano como rehenes para asegurarse de que su padre, Vlad II, se portara "bien" en la guerra en curso entre Turquía y Hungría.

. . .

Bajo los otomanos, Vlad y su hermano menor recibieron tutoría en ciencias, filosofía y artes. Vlad también se convirtió en un hábil jinete y guerrero.

Aunque fueron tratados razonablemente bien según los estándares actuales de la época, el cautiverio molestó a Vlad, mientras que su hermano consintió la privación de libertad y se pasó al lado turco. Pero Vlad sentía rencor, y esto fue uno de los factores que lo motivaron a luchar contra los turcos: vengarse de ellos por haberlo mantenido cautivo.

Mientras Vlad y Radu estaban en manos otomanas, el padre de Vlad luchaba por mantener su lugar como voivoda de Valaquia, una pelea que eventualmente perdería. En 1447, Vlad II fue derrocado como gobernante de Valaquia por nobles locales (boyardos) y fue asesinado en los pantanos cerca de Bălteni, a medio camino entre Târgoviște y Bucarest en la actual Rumanía. El medio hermano mayor de Vlad, Mircea, fue asesinado junto con su padre.

No mucho después de estos desgarradores acontecimientos, en 1448, Vlad se embarcó en una campaña para recuperar el asiento de su padre del nuevo gobernante,

Vladislav II. Su primer intento por ocupar el trono contó con el apoyo militar de los gobernadores otomanos de las ciudades a lo largo del río Danubio en el norte de Bulgaria.

Vlad también aprovechó el hecho de que Vladislav estaba ausente en ese momento, habiendo ido a los Balcanes para luchar contra los otomanos, ayudado por el gobernador de Hungría en ese momento, John Hunyadi.

Vlad recuperó el asiento de su padre, pero su tiempo como gobernante de Valaquia duró poco. Fue depuesto después de solo dos meses, cuando Vladislav II regresó y recuperó el trono de Valaquia con la ayuda de Hunyadi.

Poco se sabe sobre el paradero de Vlad III entre 1448 y 1456. Pero se sabe que cambió de bando en el conflicto otomano-húngaro, renunciando a sus lazos con los gobernadores otomanos de las ciudades del Danubio y obteniendo el apoyo militar del rey Ladislao V de Hungría, a quien le disgustaba el rival de Vlad, Vladislav II de Valaquia.

. . .

La táctica política y militar de Vlad III realmente pasó a primer plano en medio de la caída de Constantinopla en 1453. Después de la caída, los otomanos estaban en condiciones de invadir toda Europa. Vlad, que ya había solidificado su posición anti-otomana, fue proclamado voivoda de Valaquia en 1456.

Una de sus primeras órdenes del día en su nuevo cargo fue dejar de pagar un tributo anual al sultán otomano, una medida que anteriormente había asegurado la paz entre Valaquia y los otomanos.

Para consolidar su poder como voivoda, Vlad necesitaba sofocar los incesantes conflictos que históricamente habían tenido lugar entre los boyardos de Valaquia. Siendo así, se dice que durante un banquete que ofreció en el palacio de Targoviste, Vlad ordenó empalar a unos 500 boyardos (quizás sólo 50) con la acusación de que su 'desunión descarada' era la causa del frecuente cambio de príncipes en Valaquia.

Este es solo uno de los muchos eventos espantosos que le valieron a Vlad su apodo póstumo, Vlad el Empalador.

. . .

Esta historia, y otras similares, están documentadas en material impreso de la época del gobierno de Vlad III. En las décadas de 1460 y 1470, justo después de la invención de la imprenta, muchas de estas historias sobre Vlad circulaban oralmente, y luego fueron reunidas por diferentes personas en folletos e impresas.

Si estas historias son totalmente verdaderas o están significativamente adornadas es discutible.

Después de todo, muchos de los que imprimían los folletos eran hostiles a Vlad III. Pero algunos de los folletos de esta época cuentan casi exactamente las mismas historias horripilantes sobre Vlad, lo que lleva a creer que los relatos son al menos parcialmente históricamente precisos. Algunas de estas leyendas también fueron recopiladas y publicadas en un libro, "*El cuento de Drácula*", en 1490, por un monje que presentó a Vlad III como un gobernante feroz pero justo.

A Vlad se le atribuye haber empalado a docenas de comerciantes sajones en Kronstadt (actual Braşov, Rumania), que una vez se aliaron con los boyardos, en 1456.

. . .

Casi al mismo tiempo, un grupo de enviados otomanos supuestamente tuvo una audiencia con Vlad, pero se negaron a quitarse los turbantes, citando una costumbre religiosa. Al felicitarlos por su devoción religiosa, Vlad se aseguró de que sus turbantes permanecerían para siempre en la cabeza al, según los informes, clavarles los turbantes en el cráneo.

Después de que Mehmet II, el hombre que conquistó Constantinopla, invadió Valaquia en 1462, en realidad llegó hasta la ciudad capital de Valaquia, Târgoviște, pero la encontró desierta. Y frente a la capital encontró los cuerpos de los prisioneros otomanos de guerra que Vlad había tomado, todos empalados.

Las victorias de Vlad sobre los invasores otomanos se celebraron en Valaquia, Transilvania y el resto de Europa; incluso el Papa Pío II quedó impresionado. La razón por la que es un personaje positivo en Rumania es porque tiene fama de haber sido un gobernante justo, aunque muy duro.

No mucho después del empalamiento de los prisioneros de guerra otomanos, en agosto de 1462, Vlad se vio obligado a exiliarse en Hungría, incapaz de derrotar a su adversario mucho más poderoso, Mehmet II. Vlad fue encarcelado durante varios años durante su exilio, aunque durante ese mismo tiempo se casó y tuvo dos hijos.

El hermano menor de Vlad, Radu, que se había puesto del lado de los otomanos durante las campañas militares en curso, se hizo cargo del gobierno de Valaquia después del encarcelamiento de su hermano.

Pero después de la muerte de Radu en 1475, los boyardos locales, así como los gobernantes de varios principados cercanos, favorecieron el regreso de Vlad al poder.

En 1476, con el apoyo del voivoda de Moldavia, Esteban III el Grande (1457-1504), Vlad hizo un último esfuerzo para recuperar su asiento como gobernante de Valaquia. Logró recuperar el trono, pero su triunfo duró poco, pues más tarde ese año, mientras marchaba hacia otra batalla con los otomanos, Vlad y una pequeña vanguardia de soldados fueron emboscados y Vlad fue asesinado.

Existe mucha controversia sobre la ubicación de la tumba de Vlad III. Se dice que fue enterrado en la iglesia del monasterio de Snagov, en el extremo norte de la moderna ciudad de Bucarest, de acuerdo con las tradiciones de su época. Pero recientemente, los historiadores han cuestionado si Vlad podría estar enterrado en el Monasterio de Comana, entre Bucarest y el Danubio, que está cerca del presunto lugar de la batalla en la que Vlad fue asesinado.

Sin embargo, una cosa es segura: a diferencia del Conde Drácula de Stoker, Vlad III definitivamente murió. Solo los desgarradores relatos de sus años como gobernante de Valaquia siguen rondando el mundo moderno.

2

Adolf Hitler

Pocos nombres de la historia inspiran una repulsión tan inmediata y enfática como el del líder nazi Adolf Hitler. Sus manos están manchadas con la sangre de millones de muertos a causa de la devastadora Segunda Guerra Mundial y el horror del Holocausto.

Pero este hombre no nació como un tirano brutal, se convirtió en uno. Adolf Hitler nació el 20 de abril de 1889 en la pequeña ciudad austriaca de Braunau am Inn, en la Alta Austria, en la frontera entre Austria y Alemania. Su padre, Alois, era funcionario de aduanas, mientras que su madre, Klara, procedía de una familia de campesinos pobres. Fue el cuarto de seis hijos. Sus hermanos eran Gustav, Ida, Otto, Edmund y Paula, pero también tuvo dos medios hermanos, Alois Jr. y Angela, de matrimonios anteriores de su padre.

La mayor parte de la infancia de Hitler transcurrió en Linz, Austria. La vida era económicamente cómoda para la familia Hitler, pero Alois era un personaje dominante y el joven Adolf con frecuencia se encontraba en el lado equivocado del mal genio de su padre.

Hitler tuvo una educación mixta y, en general, muchos historiadores lo han considerado un estudiante mediocre.

Aunque su padre deseaba que su hijo siguiera sus propios pasos, en una oficina de aduanas, Hitler tenía otras ideas.

Las tensiones aumentaron cuando Alois envió a Hitler a la Realschule (un tipo de escuela secundaria) en Linz en septiembre de 1900 y Hitler tuvo un desempeño deficiente. Hitler sugirió más tarde que se trataba de un acto intencional en su nombre: deliberadamente actuó mal para mostrarle a su padre que se le debería permitir perseguir su sueño de convertirse en artista.

. . .

La narrativa no se sostiene del todo si se tiene en cuenta que, tras la muerte de Alois en enero de 1903, el rendimiento educativo de Hitler se deterioró aún más.

Luego pasó a estudiar en otra escuela en Steyr, donde tuvo que volver a tomar sus exámenes finales antes de irse sin ninguna intención de continuar con su educación. Dejó la escuela sin calificaciones a los 16 años.

Como Hitler soñaba con una carrera como artista, después de la muerte de su padre en 1903 intentaría hacer realidad su sueño. Postuló a la Academia de Bellas Artes de Viena, pero fue rechazado de inmediato en octubre de 1907.

Poco después, la amada madre de Hitler murió. Se mudó a Viena y se trazó una precaria existencia bohemia durmiendo en albergues y pintando postales: aquí comenzó a desarrollar muchas de las opiniones que luego caracterizarían su ideología y su deseo de unir a Alemania y Austria. La política antisemita del alcalde de Viena, Karl Lueger, fue particularmente influyente.

. . .

Mientras líderes como Winston Churchill y George W Bush tomaron la pintura como un pasatiempo posterior a la política, un joven Adolf Hitler pagó las facturas como artista que buscaba empleo entre 1910 y 14. Se centró principalmente en postales y anuncios, y ganó lo suficiente para ganarse la vida, moviéndose por los albergues de Viena.

Sin embargo, técnicamente era mediocre. No pasó el examen de la Escuela General de Pintura de la Academia de Bellas Artes de Viena en parte debido a su lucha por capturar la forma humana. La segunda vez que presentó su solicitud, sus dibujos de muestra fueron considerados de tan mala calidad que ni siquiera fue admitido en el examen de ingreso.

Algunos podrían argumentar que el arte de Hitler también fue extrañamente peatonal en una era radical de Picasso y Van Gogh. Como lector voraz de historia y mitología, y con una mente rebosante de pensamientos políticos, es algo sorprendente que este forastero enojado pintara escenas de edificios y paisajes anodinas.

Si la pintura no era su fuerte, la verdadera fuerza de Hitler se podía encontrar en sus habilidades de oratoria.

. . .

Era, por supuesto, un demagogo magistral, la base de su temprano dominio dentro del Partido Nazi; más que cualquier otro político alemán contemporáneo, habló en un idioma que dio voz a la ira y los prejuicios de su audiencia. También fue una persona que leía mucho, su excelente memoria le permitió recordar información sobre muchos temas. Esto impresionó a quienes lo rodeaban y a otros que ya eran susceptibles a su mensaje.

Aunque Adolf Hitler se encontraba en sus veintes cuando estalló la Primera Guerra Mundial en 1914, inicialmente trató de evitar el servicio militar obligatorio. Luego, cuando lo obligaron a alistarse, falló el examen médico. Sin embargo, terminó en uniforme, uniéndose al ejército bávaro (parte del alemán).

Hitler sirvió en este ejército en la Primera Batalla de Ypres. Según Hitler, su regimiento de 3.600 personas se redujo a 611 durante la batalla y fue uno de los 42 supervivientes de su compañía de 250 efectivos. Uno de sus roles era el de corredor de trincheras. También fue herido en el Somme y recibió dos veces la Cruz de Hierro por su valentía, una vez por recomendación de un camarada judío.

Luego, en la noche del 13 al 14 de octubre de 1918, el cabo Hitler quedó atrapado en un ataque con gas mostaza por parte de los británicos. Pasó el resto de la guerra recuperándose de una ceguera temporal, y se enteró de la rendición de Alemania en un hospital militar, aunque hay algunos indicios de que esta historia fue inventada por Hitler y que, de hecho, estaba siendo tratado por 'ambliopía histérica', un trastorno psiquiátrico conocido como "ceguera histérica".

Fue durante este tiempo, afirmó más tarde Hitler en su manifiesto político *Mein Kampf* (publicado por primera vez en 1925), que *"se me ocurrió la idea de que liberaría a Alemania, que la haría grande"*. Obviamente, Hitler no inventó el antisemitismo moderno, que tiene sus raíces en la Edad Media.

En el siglo XIII, por ejemplo, las reglas promulgadas en toda Europa obligaban a los judíos a usar una placa de identificación para distinguirlos de los no judíos. Y en la Europa medieval específicamente, la hostilidad anti-judía fue ejemplificada por el concepto de "libelo de sangre", la acusación de que los judíos estaban asesinando a niños cristianos como parte de sus rituales de Pascua.

Aunque no sabemos qué tan temprano Hitler formó sus opiniones sobre el pueblo judío, él mismo afirma que se sintió antijudío mientras trabajaba como pintor en Viena, una ciudad con una gran población judía, antes de la Primera Guerra Mundial. *"Para mí, este fue un momento de la mayor conmoción espiritual por la que he tenido que pasar",* escribe en *Mein Kampf,* "*dejé de ser un cosmopolita débil y me convertí en antisemita".*

Desde entonces, algunos historiadores han sugerido que Hitler creó esta narrativa de sí mismo como uno de los primeros antisemitas retrospectivamente, y *Mein Kampf* ciertamente debería entenderse en el contexto de su propósito como propaganda. Quizás, curiosamente, uno de los mecenas más leales de Hitler mientras vivió en Viena cuando era un joven artista fue un judío llamado Samuel Morgenstern.

Lo que está más claro es que el antisemitismo de Hitler se intensificó tras la derrota de Alemania durante la Primera Guerra Mundial, en la que se desempeñó como soldado corriente en el frente occidental y fue condecorado por su valentía. La derrota había sido un shock para muchos alemanes, que creían que estaban en camino de ganar tras la ofensiva de primavera y la victoria sobre Rusia en 1918. Tras la victoria aliada, se impusieron duras penas a Alemania, incluida la pérdida de ciertos territorios y se exigieron reparaciones, a través del Tratado de Versalles.

. . .

Como muchos de sus contemporáneos, Hitler decidió que la razón por la que Alemania perdió la guerra fue la débil voluntad del Kaiser, que fue depuesto en 1918. Hitler creía que la República de Weimar, que sucedió a la Alemania del Kaiser, fue una creación judía, y la democracia fue algo judío.

Todas estas eran fantasías completas. Pero el efecto de la Primera Guerra Mundial fue decisivo, incluso en el antisemitismo de Hitler y su creencia de que los judíos eran los culpables de todo lo malo que había sucedido.

Hitler apareció por primera vez en la escena política en la ciudad alemana de Munich a fines de 1919 como orador del derechista Partido de los Trabajadores Alemanes (DAP). El DAP cambió su nombre a NSDAP (*Nationalsozialistische Deutsche Arbeiterpartei*) en febrero de 1920, antes de que Hitler asumiera oficialmente el cargo de presidente del partido en julio de 1921.

El partido, que Hitler sentía que carecía de dirección, también se conocía como 'Partido Nazi de Hitler' (Nazi como abreviatura de *Nationalsozialistische*) en ese momento, sin embargo, el propio Hitler no fue realmente conocido fuera de Baviera hasta mucho más tarde.

A principios de la década de 1920, Hitler mantuvo a propósito cierto grado de misterio a su alrededor. Se negó a permitir que fotógrafos no oficiales le tomaran una foto, y en su lugar optó por emplear a su propio fotógrafo personal, Heinrich Hoffmann, quien produjo una serie de libros de imágenes para superventas que mostraban al líder nazi como un intelectual distante.

Su objetivo era mostrar a Hitler como un hombre del pueblo y, al mismo tiempo, el filósofo político de genio en un elevado aislamiento, entre las montañas que rodeaban su refugio alpino cerca de la ciudad de Berchtesgaden, Baviera, mientras reflexionaba sobre el futuro de Alemania y cargaba con toda la responsabilidad sobre sus hombros. La creación del 'misterio de Hitler' fue un movimiento magistral de las relaciones públicas, utilizado en un momento en que otros políticos no prestaban demasiada atención a tales tácticas.

La primera toma oficial del poder de Hitler tuvo lugar en noviembre de 1923. Él y sus partidarios intentaron tomar el poder político en Munich, como preludio de una toma de poder en Berlín. Alrededor de 2.000 nazis participaron en el violento golpe diurno, que se conoció como el *Munich (Beer Hall) Putsch.*

Hitler dirigió su movimiento nazi en una marcha diurna por el centro de Munich, que pretendía ser una demostración de fuerza, con el objetivo de tomar el poder en Baviera y luego en Berlín; una repetición de la marcha de Mussolini sobre Roma, que había llevado al líder fascista al poder el año anterior.

Pero, después de barrer a un lado una serie de piquetes policiales, los manifestantes de Hitler finalmente encontraron su rival en el *Feldherrnhalle* en la Odeonsplatz, donde un destacamento de la policía bávara se negó a retroceder y disparó contra la columna. En el combate cuerpo a cuerpo, 14 nazis murieron junto con un desafortunado camarero cercano, que quedó atrapado en el fuego cruzado.

Otros dos nazis murieron en otras partes de la ciudad, pero Hitler, tirado al suelo por un hombre moribundo a su lado y protegido por su leal guardaespaldas, Ulrich Graf, escapó con solo un hombro dislocado. A pesar de su fracaso, el Putsch se convertiría en la leyenda fundadora del movimiento nazi.

Cuando el golpe colapsó, Hitler fue arrestado y acusado de traición. El juicio posterior fue un asunto complejo: probablemente, Hitler debería haber sido enviado a juicio ante el tribunal constitucional de Leipzig, pero el establecimiento político de Munich estaba dispuesto a mantener el asunto 'en casa', por temor a dar oxígeno a los rumores de complicidad oficial con los nazis. De modo que, presidido por un juez dócil y comprensivo, Georg Neithardt, el juicio se inició en la escuela de infantería de Múnich el 26 de febrero.

Aquellos que esperaban la desaparición política de Hitler iban a quedar decepcionados. Jugó de manera experta en la cancha, asistido por Neithardt, y así llegó a una audiencia mucho más amplia de la que había alcanzado antes. Al final del juicio, tenía seguidores nacionales por primera vez y se había convertido en el líder indiscutible de la derecha radical alemana.

Hitler cumplió solo nueve meses de su sentencia de cinco años de prisión en la prisión de Landsberg en 1924, en donde escribió su libro *Mein Kampf* (o 'Mi lucha'). Es un libro extraño, en parte un manifiesto nazi, en parte una autobiografía teñida de rosa, con incursiones en las teorías de Hitler sobre la raza, el antisemitismo, el anti bolchevismo, el anticapitalismo, los usos de la propaganda y los fallos de la democracia. Es famoso por su estilo turgente, tan abarrotado de las prolijas reflexiones de Hitler que un crítico lo apodó "*Sein Krampf*" ("Su calambre").

Después de su liberación, se le prohibió hacer discursos públicos, pero continuó hablando ante audiencias privadas y se ganó una reputación como un orador formidable. En la década de 1930, había cultivado un perfil público elaborado, vendiendo una "visión novedosa" a sus seguidores y al público alemán en general.

Hitler estaba ofreciendo redención nacional, una 'nueva Alemania', un 'hombre nuevo', una 'nueva Jerusalén'.

El partido nazi creció gradualmente en número a finales de la década de 1920 y, en julio de 1932, se había transformado de un partido pequeño y revolucionario en el partido electo más grande del Reichstag (parlamento alemán). Lo hicieron principalmente mediante el uso de propaganda eficaz, con el apoyo de *Sturmabteilung* (SA), también conocidos como "camisas pardas", un ala paramilitar del NSDAP.

. . .

Una vez que Hitler se estableció como un actor clave en la escena política alemana de la década de 1930, la consolidación de su poder como dictador se produjo con bastante rapidez. Lo logró con un "enfoque de doble vía".

La primera vía implicó convencer al gobierno de derecha de que Hitler debería gobernar Alemania por decreto.

Esto fue acordado por los conservadores que estaban motivados en gran medida por el deseo de aplastar al Partido Comunista.

En noviembre de 1932, los socialdemócratas y los comunistas juntos tenían más votos y escaños que los nazis, pero también eran enemigos mortales entre sí y no podían actuar juntos para detener a los nazis.

Hitler usó poderes legales o cuasi legales del gobierno, particularmente el poder del presidente para gobernar por decreto en un estado de emergencia.

. . .

El 23 de marzo de 1933, Hitler convenció al Reichstag, a través de una mezcla de amenazas e incentivos, para que votara por una Ley Habilitante que significaba que el gabinete (Hitler y los ministros) tenía el poder de emitir legislación sin referencia al presidente o a el Reichstag, otorgándoles así poderes dictatoriales.

La segunda vía involucró "violencia masiva y brutal" en las calles. Durante este tiempo, entre 100.000 y 200.000 personas fueron llevadas a campos de concentración o "maltratadas" y puestas en libertad con la condición de no participar en política.

Es comprensible, tal vez, que las ventas de *Mein Kampf* fueran inicialmente bastante lentas después de la publicación del libro en 1925, pero se recuperaron a medida que aumentaba el valor político de Hitler.

Para 1933, había vendido unas 300.000 copias y vendería unos 12 millones más en los años siguientes, lo que le proporcionaría a Hitler unos ingresos personales considerables que, entre otras cosas, financió la compra de Berghof, su residencia sobre Berchtesgaden en los Alpes bávaros.

. . .

Hitler mantuvo tres residencias durante el Tercer Reich: la Vieja Cancillería en Berlín; su apartamento de Munich; y *Haus Wachenfeld* (más tarde Berghof), su casa de montaña en Obersalzberg. Los tres fueron completamente renovados a mediados de la década de 1930 y facilitaron la creación de una nueva y sofisticada personalidad para el führer.

El régimen nazi utilizó las representaciones de los medios de comunicación de Adolf Hitler en casa, leyendo, paseando a sus perros y disfrutando de bellas obras de arte, para crear una imagen pública favorable del führer.

Las ventas del libro han continuado después de su muerte, y particularmente desde que sus derechos de autor expiraron en 2015 (que también marcó el 70 aniversario de la muerte de Hitler).

Hitler extrajo sus ideas políticas de una variedad de fuentes: de una versión del darwinismo social que veía la sociedad y las relaciones internacionales como una especie de lucha de razas por la supervivencia de los más aptos; de Arthur de Gobineau, un teórico francés que inventó la idea pseudocientífica de la teoría de la raza; de los emigrados rusos de la revolución bolchevique de 1917, que trajeron consigo la idea de que el bolchevismo y el comunismo eran creaciones de la raza judía; incluso de las teorías de 'geopolítica'.

Al leer y escuchar la retórica pública de Hitler en sus primeros días en la política, sería fácil pensar que Adolf Hitler tenía una conexión con el cristianismo, aunque distorsionada. Adolf Hitler había nacido de una madre fuertemente católica, después de todo, y había sido bautizado; ciertamente se identificó como cristiano en los discursos y en su libro, *Mein Kampf*.

Pero cualquier declaración de fe religiosa era mera propaganda. Hitler recibió el sacramento de la confirmación solo a instancias de su madre, y después de dejar el hogar de su familia nunca regresó a la iglesia.

Así que cuando se llamó cristiano en discursos y *Mein Kampf*, fue en nombre de la conveniencia política, para conquistar una Alemania abrumadoramente cristiana.

Una vez en el poder, la actitud de Hitler hacia la Iglesia se endureció. Los nazis impulsaron su movimiento de "cristianismo positivo", que rechazaba la doctrina tradicional y todo lo que se consideraba "demasiado judío" (como la divinidad de Jesús) mientras defendía su ideología de raza superior.

Eva Braun (1912-1945) fue la compañera de Adolf Hitler durante mucho tiempo. La pareja se casó el 29 de abril de 1945, solo un día antes de que ambos murieran por suicidio. Braun era mucho más que una figura pasiva en el régimen nazi: todos los miembros del círculo de Berghof, incluida Eva Braun, no solo fueron testigos, sino que estaban convencidos de la ideología nazi.

Aunque no se puede verificar que Braun supiera sobre el Holocausto, y todos los miembros sobrevivientes del círculo íntimo de Hitler luego negaron el conocimiento, Braun, como todos los demás, al menos fue informada sobre la persecución de los judíos, privándolos de cualquier derecho civil.

Durante los últimos meses de la Segunda Guerra Mundial, y cuando la perspectiva de perder la guerra se hizo cada vez más evidente, Hitler se retiró a su búnker en Berlín. Fue "la última estación en su huida de la realidad". Hitler continuó entregando órdenes desde el búnker, incluida una que dictaba que su cuerpo debía ser incinerado en el evento de su muerte, pues había escuchado sobre el tratamiento del cuerpo del también dictador Benito Mussolini, que había sido colgado en una plaza pública en Milán.

El 20 de abril de 1945, el 56º cumpleaños de Hitler, el primer proyectil enemigo golpeó Berlín. Las tropas soviéticas pronto entraron en la ciudad y, para el 30 de abril de 1945, Hitler estaba muerto. En general, se acepta que Hitler se disparó a sí mismo, aunque las versiones difieren en cuanto a si también mordió una cápsula de cianuro.

Tras su muerte por suicidio, el cuerpo de Hitler y el de su amante Eva Braun (a quien ella misma se había inyectado cianuro), fueron sacados del búnker, rociados con gasolina y prendidos.

3

Joseph Stalin

JOSEPH STALIN (1878-1953) fue el dictador de la Unión de Repúblicas Socialistas Soviéticas (URSS) de 1929 a 1953.

Bajo Stalin, la Unión Soviética se transformó de una sociedad campesina en una superpotencia industrial y militar. Sin embargo, gobernó por el terror y millones de sus propios ciudadanos murieron durante su brutal reinado.

Nacido en la pobreza, Stalin se involucró en la política revolucionaria, así como en actividades criminales, cuando era joven.

. . .

Después de la muerte del líder bolchevique Vladimir Lenin (1870-1924), Stalin superó a sus rivales por el control del partido. Una vez en el poder, colectivizó la agricultura e hizo ejecutar a sus enemigos potenciales o enviarlos a campos de trabajos forzados.

Stalin se alineó con los Estados Unidos y Gran Bretaña en la Segunda Guerra Mundial (1939-1945) pero luego se involucró en una relación cada vez más tensa con Occidente conocida como la Guerra Fría (1946-1991). Después de su muerte, los soviéticos iniciaron un proceso de *desestalinización*.

El hombre que el mundo conocería como Joseph Stalin nació siendo Iosif Vissarionovich Dzhugashvili, el 18 de diciembre de 1878 o el 6 de diciembre de 1878, según el calendario juliano de estilo antiguo (aunque más tarde inventó una nueva fecha de nacimiento para sí mismo: el 21 de diciembre de 1879), en la aldea georgiana de Gori, una pequeña ciudad en el extremo sur del vasto imperio ruso.

Fue el tercer hijo de Vissarion Dzhugashvili, un zapatero pobre, y su esposa Yekaterina, quien ayudaba a aumentar los ingresos de su esposo trabajando como empleada doméstica. Sin embargo, el joven Iosif fue el único de sus descendientes que sobrevivió a la infancia.

Vissarion era un hombre abusivo y bebedor, que finalmente fracasó como artesano independiente y dejó a su familia para trabajar en una fábrica en Tiflis, la capital de Georgia, cuando su hijo tenía cinco años. Durante el resto de la infancia de Stalin, Joseph y Yekaterina vivieron en la casa de un sacerdote, el padre Charkviani, donde la mujer piadosa y trabajadora intentó asegurarse de que su único hijo tuviera la educación suficiente para escapar de la monotonía de la clase "inferior" a la que pertenecían.

Georgia era una región montañosa que, en el momento del nacimiento de Stalin, había estado bajo el dominio del zar solo durante unos cincuenta años. Como otros grandes déspotas (el gobernante alemán nacido en Austria, Hitler, el líder francés nacido en Córcega, Napoleón), Stalin era un forastero, un provincial en el imperio que llegó a gobernar.

Los georgianos poseían su propia cultura e idioma, que era radicalmente diferente del ruso oficial del imperio, y el joven Stalin comenzó a aprender ruso cuando tenía nueve años.

Años más tarde, en el apogeo de su poder, todavía hablaba con un pronunciado acento georgiano, y aunque se jactaba de haber olvidado el idioma de su nacimiento, se informa que en sus últimos años su capacidad para hablar ruso se deterioró, y habló sólo en georgiano.

También en otros aspectos conservó piezas de su cultura nativa: durante sus primeros días como revolucionario, adoptó el nombre de " Cuando Pol Pot regresó a Camboya en enero de 1953, toda la región se rebelaba contra el dominio colonial francés. Camboya obtuvo oficialmente su independencia de Francia más tarde ese año.

", en honor a un legendario bandido georgiano. Pero nunca mostró alguna parcialidad política hacia Georgia: generalmente la trataba, en sus propias palabras, como simplemente un "pequeño trozo de territorio soviético llamado Georgia".

. . .

Culturalmente separada como estaba, una institución que el lugar de nacimiento de Stalin compartía con el Imperio Ruso era la Iglesia Ortodoxa; de hecho, Georgia se convirtió al cristianismo más de 500 años antes que Rusia.

La Iglesia jugó un papel importante en la vida temprana de Stalin: vivió con un sacerdote y su educación fue religiosa. Su madre lo inscribió en la Escuela de la Iglesia de Gori en septiembre de 1888, cuando su hijo tenía nueve años, y se graduó seis años después, a pesar de varias interrupciones. Una de estas interrupciones duró todo un año, pues el padre de Stalin llevó al niño a Tiflis para trabajar con él en una fábrica de zapatos.

Vissarion parece haber tenido la intención de que el oficio de zapatero fuera una carrera permanente para su hijo, pero su madre intervino y logró traer a su hijo a casa en Gori. A partir de entonces, su padre nunca fue una presencia fuerte en la vida de Stalin; moriría antes de la Primera Guerra Mundial, aunque la fecha exacta es incierta.

Stalin era un niño algo deforme y diminuto: la viruela le dejó la cara llena de cicatrices y picaduras por el resto de su vida, y un caso de envenenamiento de la sangre hizo que su brazo izquierdo se acortara más que el derecho; en una fotografía de la escuela, parece considerablemente más pequeño que los niños que lo rodean.

De hecho, nunca lograría una figura muy imponente: creció a solo cinco pies y cuatro pulgadas, y durante el resto de su vida su baja estatura lo irritó, lo que hizo que recurriera a zapatos con plataforma y otros dispositivos en un esfuerzo por parecer más alto de lo que realmente era. Sin embargo, Stalin recibió excelentes calificaciones y se distinguió en el coro de la escuela.

Parece que le encantaba leer, devorar los clásicos de la literatura georgiana, así como las novelas de aventuras, y le apasionaba el aire libre, pasando días escalando en la campiña salvaje y montañosa alrededor de Gori. Por lo tanto, era ardiente y enérgico, y desarrolló fuerza física a pesar de su brazo corto y pequeña estatura. Él también era moreno, y sus contemporáneos describieron sus ojos como amarillentos; muchos los compararon con los ojos de un tigre.

Stalin se graduó de la escuela de la iglesia en julio de 1894, siendo uno de los mejores de su clase. Tenía fama de ser insensible con sus compañeros de estudios y había tenido problemas con las autoridades escolares varias veces, pero no había otras señales de la dirección que tomaría su carrera. De hecho, parece haber sido un joven piadoso, lo que no sorprende, dada su educación.

A instancias de su madre, solicitó y ganó una pequeña beca para el Seminario Teológico de Tiflis, donde se inscribió en septiembre de 1894. Yekaterina trabajó arduamente para ayudarlo a pagar la matrícula y alimentó una fuerte esperanza de que su hijo se convirtiera en sacerdote. De hecho, incluso años después, cuando Stalin gobernaba toda Rusia, ella le dijo a un entrevistador que hubiera preferido que él hubiera entrado en el sacerdocio. Rusia, en retrospectiva, podría haberlo preferido también.

Mientras estaba en el seminario, Stalin comenzó a leer en secreto la obra del filósofo social alemán y autor del "Manifiesto comunista", Karl Marx, interesándose por el movimiento revolucionario contra la monarquía rusa. En 1899, Stalin fue expulsado del seminario para los exámenes que faltaban, se afirmó que era debido a la propaganda marxista.

. . .

Después de dejar la escuela, Stalin se convirtió en un agitador político clandestino, participando en manifestaciones y huelgas laborales. Adoptó el nombre de Koba, y se unió al ala más militante del movimiento socialdemócrata marxista, los bolcheviques, dirigido por Vladimir Lenin.

Stalin también se involucró en diversas actividades delictivas, incluidos robos a bancos, cuyas ganancias se utilizaron para ayudar a financiar el Partido Bolchevique. Fue arrestado varias veces entre 1902 y 1913 y sometido a prisión y exilio en Siberia. Cuando tenía 30 años, tomó el nombre de Stalin, del ruso que significa "hombre de acero".

En 1906, Stalin se casó con Ekaterina "Kato" Svanidze (1885-1907), costurera. La pareja tuvo un hijo, Yakov (1907-1943), que murió como prisionero en Alemania durante la Segunda Guerra Mundial. Ekaterina murió de tifus cuando su hijo era un bebé.

En 1918 (algunas fuentes citan 1919), Stalin se casó con su segunda esposa, Nadezhda "Nadya" Alliluyeva (1901-1932), la hija de un revolucionario ruso. Tuvieron dos hijos, un niño y una niña (su única hija, Svetlana Alliluyeva, provocó un escándalo internacional cuando desertó a los Estados Unidos en 1967). Nadezhda se suicidó cuando tenía poco más de 30 años. Stalin también tuvo varios hijos fuera del matrimonio.

En 1912, Lenin, entonces exiliado en Suiza, nombró a Joseph Stalin para formar parte del primer Comité Central del Partido Bolchevique.

Tres años después, en noviembre de 1917, los bolcheviques tomaron el poder en Rusia. La Unión Soviética fue fundada en 1922, con Lenin como su primer líder.

Durante estos años, Stalin había continuado ascendiendo en la escala del partido, y en 1922 se convirtió en secretario general del Comité Central del Partido Comunista, un papel que le permitió nombrar a sus aliados para puestos gubernamentales y desarrollar una base de apoyo político.

Después de la muerte de Lenin en 1924, Stalin finalmente superó a sus rivales y ganó la lucha por el poder por el control del Partido Comunista. A fines de la década de

1920, se había convertido en dictador de la Unión Soviética.

Stalin lanzó una serie de planes quinquenales destinados a transformar la Unión Soviética de una sociedad campesina en una superpotencia industrial. Su plan de desarrollo se centró en el control gubernamental de la economía e incluyó la colectivización forzosa de la agricultura soviética, en la que el gobierno tomó el control de las granjas.

Millones de agricultores se negaron a cooperar con las órdenes de Stalin y fueron fusilados o exiliados como castigo. La colectivización forzada también provocó una hambruna generalizada en toda la Unión Soviética que mató a millones.

Stalin gobernó basado en el terror y con un control totalitario para eliminar a todo aquel que pudiera oponerse a él. Amplió los poderes de la policía secreta, alentó a los ciudadanos a espiarse unos a otros e hizo matar o enviar a millones de personas al sistema Gulag de campos de trabajos forzados.

. . .

Durante la segunda mitad de la década de 1930, Stalin instituyó la Gran Purga, una serie de campañas diseñadas para librar al Partido Comunista, el ejército y otras partes de la sociedad soviética de aquellos que consideraba una amenaza, realizando persecuciones y juicios que terminaban en destierros, encarcelaciones o ejecuciones en el Gulag.

Además, Stalin construyó un culto a su propia persona a lo largo de la Unión Soviética. Las ciudades fueron rebautizadas en su honor.

En 1925, la ciudad rusa de Tsaritsyn pasó a llamarse Stalingrado (en 1961, como parte del proceso de desestalinización, la ciudad, ubicada a lo largo del río más largo de Europa, el Volga, se conoció como Volgogrado; hoy en día, es una de las ciudades más grandes de Rusia y un centro industrial clave).

Los libros de historia soviética se reescribieron para darle un papel más destacado en la revolución y mitificar otros aspectos de su vida. Fue objeto de obras de arte, literatura y música halagadoras, y su nombre se convirtió en parte del himno nacional soviético. Censuró fotografías en un intento de reescribir la historia, eliminando a antiguos asociados ejecutados durante sus muchas purgas. Su gobierno también controlaba los medios soviéticos.

En 1939, en vísperas de la Segunda Guerra Mundial, Joseph Stalin y el dictador alemán Adolf Hitler (1889-1945) firmaron el Pacto de No Agresión germano-soviético. Luego, Stalin procedió a anexar partes de Polonia y Rumania, así como los estados bálticos de Estonia, Letonia y Lituania. También lanzó una invasión de Finlandia.

Luego, en junio de 1941, Alemania rompió el pacto nazi-soviético e invadió la URSS, logrando importantes avances iniciales. Stalin había ignorado las advertencias de los estadounidenses y los británicos, así como de sus propios agentes de inteligencia, sobre una posible invasión, y los soviéticos no estaban preparados para la guerra.

Mientras las tropas alemanas se acercaban a la capital soviética de Moscú, Stalin permaneció allí y dirigió una política defensiva de tierra arrasada, destruyendo cualquier suministro o infraestructura que pudiera beneficiar al enemigo. La marea cambió para los soviéticos con la Batalla de Stalingrado de agosto de 1942 a febrero de

1943, durante la cual el Ejército Rojo derrotó a los alemanes y finalmente los expulsó de Rusia.

A medida que avanzaba la guerra, Stalin participó en las principales conferencias aliadas, incluidas las de Teherán (1943) y Yalta (1945). Su voluntad de hierro y sus hábiles habilidades políticas le permitieron jugar el papel de aliado leal sin abandonar nunca su visión de un imperio soviético de posguerra expandido.

Joseph Stalin no se suavizó con la edad: enjuició un reinado de terror, purgas, ejecuciones, exiliados a campos de trabajo y persecución en la URSS de posguerra, reprimiendo toda disidencia y todo lo que oliera a influencia extranjera, especialmente occidental. Estableció gobiernos comunistas en toda Europa del Este y en 1949 llevó a los soviéticos a la era nuclear haciendo explotar una bomba atómica. En 1950, le dio permiso al líder comunista de Corea del Norte, Kim Il Sung (1912-1994), para invadir Corea del Sur apoyado por Estados Unidos, un evento que desencadenó la Guerra de Corea.

Stalin, que se volvió cada vez más paranoico en sus últimos años, murió el 5 de marzo de 1953, a los 74 años, después de sufrir un derrame cerebral. Su cuerpo fue embalsamado y conservado en el mausoleo de Lenin en la Plaza Roja de Moscú hasta 1961, cuando fue retirado y enterrado cerca de las murallas del Kremlin como parte del proceso de desestalinización iniciado por el sucesor de Stalin, Nikita Khrushchev (1894-1971).

Según algunas estimaciones, fue responsable de la muerte de 20 millones de personas durante su brutal gobierno.

4

Pol Pot

Pol Pot fue un líder político cuyo gobierno comunista, el Khmer Rouge, dirigió Camboya de 1975 a 1979. Durante ese tiempo, se estima que entre 1,5 y 2 millones de camboyanos murieron de hambre, ejecución, enfermedad o exceso de trabajo. Un centro de detención, el S-21, era tan notorio que se sabe que solo siete de las aproximadamente 20.000 personas encarceladas allí sobrevivieron.

Los "Jemeres Rojos", en su intento de diseñar socialmente una sociedad comunista sin clases, apuntaron especialmente a los intelectuales, los residentes de la ciudad, los vietnamitas étnicos, los funcionarios públicos y los líderes religiosos. Algunos historiadores consideran al régimen de

Pol Pot como uno de los más bárbaros y asesinos de la historia reciente.

Saloth Sar, más conocido por su nombre de guerra Pol Pot, nació en 1925 en el pequeño pueblo de Prek Sbauv, cerca de Kompong Thom, ubicado a unas 100 millas al norte de la capital de Camboya, Phnom Penh. Fue el octavo de nueve hijos de un granjero propietario llamado Pen Saloth y su esposa, Nok Sem. Su familia era relativamente acomodada y poseía unos 50 acres de arrozales, aproximadamente 10 veces el promedio nacional.

A la edad de 6 años fue enviado, como muchos niños camboyanos, a vivir con parientes más prósperos, en su caso un hermano que trabajaba en Phnom Penh como empleado en el palacio real y un primo que era bailarín allí en el Royal Ballet.

Poco después de su llegada, pasó varios meses en un monasterio budista, una exposición mucho más breve a la enseñanza budista de lo que era común en Camboya, donde la mayor parte de la educación estaba a cargo de monjes.

. . .

Completó la escuela primaria, pero reprobó sus exámenes para ingresar a la escuela secundaria y estudió carpintería en una escuela de oficios.

Cuando tenía 20 años, recibió una beca del gobierno para estudiar tecnología de radio en Francia, donde pasó tres años y se involucró en actividades comunistas en un momento en que el partido francés estaba dominado por estalinistas.

Fue allí donde comenzó su larga asociación con el Sr. Son Sen, Ieng Sary y otros que se convirtieron en miembros de su círculo íntimo. También fue allí donde conoció a su futura esposa, Khieu Ponnary, maestra de escuela varios años mayor que él y cuya hermana estaba casada con el Sr. Ieng Sary.

Pol Pot afirmó haber sido un buen estudiante cuando llegó por primera vez a París. Más tarde se unió al movimiento estudiantil progresista. Como pasaba más tiempo en actividades radicales, no asistía a muchas clases. Otros dijeron que pasaba gran parte de su tiempo leyendo poesía francesa, y en 1950 pasó un mes trabajando en un proyecto de carretera en Yugoslavia.

· · ·

Mientras estaba en París, publicó su primer tratado, un ataque a la realeza camboyana. Fue el rey, Norodom Sihanouk, quien apodó a este movimiento el Khmer Rouge, o Camboyanos/Jemeres Rojos.

Finalmente, el gobierno conservador del joven, que estaba bajo el dominio colonial francés, canceló su beca y Saloth Sar regresó a casa, donde se dedicó al movimiento comunista clandestino.

Cuando Pol Pot regresó a Camboya en enero de 1953, toda la región se rebelaba contra el dominio colonial francés. Camboya obtuvo oficialmente su independencia de Francia más tarde. En 1954, en la Convención de Ginebra, Vietnam se dividió en el norte comunista y el sur no comunista, y Camboya se independizó.

Con la esperanza de permanecer en el poder, el rey Sihanouk se degradó a príncipe y llevó a su propio partido político a la victoria en las primeras elecciones. Rápidamente fue nombrado jefe de estado.

Mientras tanto, Pol Pot se unió al protocomunista Partido Revolucionario del Pueblo Khmer (KPRP), que se había creado en 1951 bajo los auspicios de los norvietnamitas. De 1956 a 1963, Pol Pot enseñó historia, geografía y literatura francesa en una escuela privada mientras simultáneamente planeaba una revolución, y fue entonces cuando se casó con Khieu Ponnary.

En 1960, Pol Pot ayudó a reorganizar el KPRP en un partido que defendía específicamente el marxismo-leninismo, separado del antiguo comunista indochino dominado por vietnamitas, volviéndose el *Khmer Workers Party*.

Tres años más tarde, tras la represión de la actividad comunista, él y otros líderes del partido se adentraron en el campo del norte de Camboya, acampando al principio con un grupo de Viet Cong.

Temiendo ser arrestado, huyó en 1963 a Vietnam, junto con el Sr. Ieng Sary y el Sr. Son Sen, y durante la siguiente década vivió escondido, un patrón que se mantuvo durante la mayor parte de su vida. Como revolucionario, tomó el nombre de Pol Pot, que no tiene un significado particular.

. . .

La guerra cada vez mayor en Vietnam alimentó el movimiento comunista en Camboya, y después de un levantamiento campesino en la provincia de Battambang en 1967, Pol Pot comenzó su movimiento hacia la rebelión armada. Ya que había comenzado a emerger como jefe del partido camboyano, y el ejército guerrillero Khmer Rouge se encontraba recién formado, lanzaron un levantamiento nacional en 1968.

Al visitar China en vísperas de la Revolución Cultural, Pol Pot observó muchos de los patrones que luego instituyó en su propio país, desde la teoría revolucionaria hasta los suaves sombreros al estilo chino adoptados por los Jemeres Rojos. Su revolución comenzó lentamente, aunque pudieron afianzarse en el noreste escasamente poblado. En 1970 tenía 3.000 combatientes en armas.

Durante años, los comunistas vietnamitas utilizaron Camboya para comprar arroz, transportar armas y canalizar a los soldados desde Vietnam del Norte hacia el sur a lo largo de la ruta Ho Chi Minh. El príncipe Sihanouk y su gobierno, decididos a llevarse bien con los comunistas vietnamitas, que según el príncipe probablemente ganarían la guerra, nunca protestaron por las intrusiones.

. . .

Tampoco se protestó cuando los estadounidenses comenzaron a bombardear supuestas posiciones vietnamitas en el este de Camboya. El bombardeo obligó a los vietnamitas a adentrarse más en Camboya, y los jemeres rojos se extendieron con ellos.

El príncipe Sihanouk fue criticado, particularmente por el ejército camboyano, por jugar en ambos lados de la guerra de Vietnam.

En marzo de 1970, la Asamblea Nacional lo destituyó mientras se encontraba en el extranjero, reemplazándolo por funcionarios pro estadounidenses dirigidos por su anteriormente leal Primer Ministro, el general Lon Nol.

Furioso, el príncipe se unió a los jemeres rojos y pronto Camboya se sumergió en la guerra de Vietnam. En unos meses, los comunistas vietnamitas y sus aliados del Khmer Rouge controlaron vastas áreas del país.

En marzo de 1970, el general Lon Nol inició un golpe militar mientras el líder hereditario de Camboya, el príncipe Norodom Sihanouk, estaba fuera del país. Entonces estalló una guerra civil en la que el príncipe Norodom se alió con los jemeres rojos y Lon Nol recibió el respaldo de los Estados Unidos.

Tanto las tropas del Khmer Rouge como las de Lon Nol cometieron supuestamente atrocidades masivas. Al mismo tiempo, unos 70.000 soldados estadounidenses y vietnamitas del sur irrumpieron a través de la frontera entre Vietnam y Camboya para luchar contra las tropas norvietnamitas y vietnamitas que se habían refugiado en Camboya.

El presidente de Estados Unidos, Richard M. Nixon, también ordenó una campaña secreta de bombardeos como parte de la guerra de Vietnam. En el transcurso de cuatro años, aviones estadounidenses lanzaron 500.000 toneladas de bombas sobre Camboya, más de tres veces la cantidad lanzada sobre Japón durante la Segunda Guerra Mundial.

Fue así que, en 1973, después de que Estados Unidos firmara los Acuerdos de Paz de París con los comunistas vietnamitas, los B-52 estadounidenses lanzaron enormes cantidades de bombas sobre posiciones sospechosas de los jemeres rojos en Camboya para tratar de evitar una victoria comunista allí. Phnom Penh se convirtió en un enorme centro de refugiados y muchos aldeanos desplazados o enojados acudieron en masa para unirse al ejército de los Jemeres Rojos.

Cuando terminó la campaña de bombardeos de Estados Unidos en agosto de ese año, el número de tropas de los Jemeres Rojos había aumentado exponencialmente y ahora controlaban aproximadamente las tres cuartas partes del territorio de Camboya. Poco después, comenzaron a bombardear Phnom Penh con cohetes y artillería.

Un asalto final a la capital llena de refugiados comenzó en enero de 1975, cuando los Jemeres Rojos bombardearon el aeropuerto y bloquearon los cruces de ríos. Un transporte aéreo de suministros estadounidense no logró evitar que miles de niños murieran de hambre.

Finalmente, el 17 de abril de 1975, los Jemeres Rojos entraron en la ciudad, ganando la guerra civil y poniendo fin a los combates. Aproximadamente medio millón de camboyanos habían muerto durante la guerra civil, pero lo peor aún estaba por llegar.

· · ·

El ejército de Pol Pot tomó la capital el 17 de abril de 1975, después de una devastadora guerra civil de cinco años. Con una velocidad impresionante, Pol Pot y sus seguidores vestidos de negro inmediatamente ordenaron a los cansados camboyanos que abandonaran sus hogares y se fueran al campo y comenzaran su vida en el "Año Cero".

En el momento de su victoria en 1975, el ejército había crecido a una fuerza de 70.000, un crecimiento ayudado por el prestigio del príncipe Sihanouk, quien en uno de sus muchos giros políticos se convirtió en presidente titular del movimiento.

Más duros, más disciplinados y más brutales que las fuerzas respaldadas por Estados Unidos del general Lon Nol, los jemeres rojos capturaron Phnom Penh dos semanas antes de que los comunistas tomaran Saigón, con Pol Pot como comandante principal y estratega político.

Casi inmediatamente después de tomar el poder, los jemeres rojos evacuaron a los 2,5 millones de habitantes de Phnom Penh. Ex funcionarios públicos, médicos, maestros y otros profesionales fueron despojados de sus posesiones y obligados a trabajar en el campo como parte de un proceso de reeducación. Algunos fueron asesinados, al igual que la mayoría de las personas con habilidades y educación que amenazaban al régimen.

A partir del día de 1975 en que su ejército guerrillero marchó silenciosamente hacia la capital, Phnom Penh, Pol Pot vació las ciudades, separó familias, abolió la religión y cerró las escuelas. A todos se les ordenó trabajar, incluso los niños. El Khmer Rouge prohibió el dinero y cerró todos los mercados.

A todos, ancianos, ciegos, enfermos, incluso bebés, se les ordenó de inmediato que "regresaran a las aldeas".

El Angkar, u organización, gobernaba en reasentamientos llamados cooperativas rurales que se parecían al Gulag soviético. Unos 20.000 pacientes del hospital se vieron obligados a mudarse, algunos en camas con ruedas. Decenas de miles de personas murieron de hambre y enfermedades en las primeras semanas de la victoria de la revolución.

. . .

Muchos otros murieron directamente: soldados del ejército derrotado, burócratas, comerciantes, "parásitos", "intelectuales". En su discurso de victoria, Pol Pot afirmó que sus comunistas construirían una sociedad revolucionaria, convirtiéndose en "un país próspero con una agricultura e industria avanzadas" para que "el nivel de vida de nuestra gente mejore rápidamente".

Con ese fin, Pol Pot convirtió a Camboya en uno de los países más aislados del mundo, cerrando sus fronteras y restringiendo a todos los diplomáticos extranjeros, excepto a unos pocos, a sus cancillerías en una Phnom Penh inquietantemente tranquila. El príncipe Sihanouk, el primer presidente, fue confinado en su palacio y luego en una casa de huéspedes.

Al principio, Pol Pot gobernó en gran medida detrás de escena.

Se convirtió en primer ministro en 1976 después de que el príncipe Norodom se viera obligado a dimitir. En ese momento, las escaramuzas fronterizas se producían regularmente entre los camboyanos y los vietnamitas.

Pol Pot se mostró menos cómodo y revelador en un escenario más grande, haciendo pocas apariciones públicas incluso cuando estaba en el poder, oscureciendo su identidad, cambiando de residencia y advirtiendo sobre la traición por todos lados. Cuando tuvo una dolencia de estómago, dijo que sus cocineros estaban tratando de envenenarlo. Cuando falló el suministro eléctrico en su residencia, hizo que mataran a los trabajadores de mantenimiento.

Este miedo a la traición, por parte de naciones extranjeras o por " microbios " venenosos dentro de su propia organización, motivó gran parte de su comportamiento, desde su secretismo hasta las purgas sangrientas que comenzaron a consumir su revolución a partir de 1977.

Hablando a un cuadro del partido en 1976, dijo: *"Buscamos los microbios dentro del partido sin éxito; están enterrados. Sin embargo, a medida que avanza nuestra revolución socialista, filtrándose en todos los rincones del partido, el ejército y entre la gente, podemos localizar los microbios desagradables "*.

Pol Pot se rodeó de hombres de sus primeros años, aquellos que originalmente se unieron a los comunistas dominados por vietnamitas u otros con raíces más cercanas a los comunistas tailandeses, incluidos Nuon Chea, Khieu Samphan y Son Sen. Pero tenía el tipo de poder absoluto que Stalin tenía en la Unión Soviética.

. . .

Mientras tanto, el experimento radical estaba destruyendo el país. Las bandas de trabajadores esclavos no producían los alimentos necesarios. Sin contactos externos, las existencias del país se estaban agotando. Los enormes proyectos de obras públicas, especialmente en riego, se hicieron mal y se vinieron abajo.

Los Jemeres Rojos, que rebautizaron el país como Kampuchea Democrática, incluso insistieron en realinear los campos de arroz para crear el tablero de ajedrez simétrico que se muestra en su escudo de armas.

Millones de personas que vivían en Camboya murieron durante el brutal régimen de Pol Pot y el Khmer Rouge; sus cuerpos fueron enterrados en fosas comunes que se conocieron como "campos de la muerte". Más tarde, la frase se convirtió en el título de una película sobre los horrores de la era del Khmer Rouge, *The Killing Fields.*

Los jemeres rojos persiguieron especialmente a miembros de grupos étnicos minoritarios - chinos, musulmanes chams, vietnamitas y tailandeses que habían vivido durante generaciones en el país, y cualquier otro extranjero - en un intento de hacer una Camboya "pura". A los no camboyanos se les prohibió hablar sus idiomas nativos o exhibir rasgos "extranjeros". El pogromo contra la minoría Cham fue el más devastador, ya que mató a más de la mitad de esa comunidad.

Bajo Pol Pot, el estado controlaba todos los aspectos de la vida de una persona. El dinero, la propiedad privada, las joyas, los juegos de azar, la mayor parte del material de lectura y la religión fueron prohibidos, la agricultura se colectivizó, los niños fueron sacados de sus hogares y obligados a ingresar en el ejército y se establecieron reglas estrictas que regían las relaciones sexuales, el vocabulario y la vestimenta.

En nombre de una utopía radical, el régimen de los Jemeres Rojos había convertido a la mayoría de la gente en esclavos. Los maridos estaban separados de las esposas, los padres de los hijos. Se prohibieron las vacaciones, la música, el romance y el entretenimiento.

Los líderes y soldados dictatoriales de las aldeas le dijeron a la gente con quién casarse y cómo vivir, y los que desobedecían eran asesinados. Muchos jóvenes que no se sometieron a la manía política fueron enterrados vivos, o arrojados al aire y pinchados con bayonetas. Algunos fueron aventados a los cocodrilos.

La religión y la oración fueron prohibidas. Los monjes budistas fueron asesinados y los templos arrasados. Se formaron brigadas de trabajo comunales para cultivar, talar bosques y cavar canales. Casi todo el trabajo se hacía a mano, sin maquinaria, y la gente se veía obligada a trabajar desde el amanecer hasta altas horas de la noche.

Miles murieron por desnutrición, miles por exceso de trabajo. Miles fueron encarcelados, torturados y muertos. Los meticulosos registros mantenidos por los jemeres rojos de las personas a las que torturaron hasta la muerte resultaron ser uno de los documentos más valiosos que establecían sus crímenes.

Aquellos que se quejaban del trabajo, ocultaban sus raciones o infringían las reglas, solían ser torturados en un centro de detención, como el infame S-21, y luego asesinados.

Durante el genocidio de Camboya, los huesos de millones de personas que murieron por desnutrición, exceso de trabajo o atención médica inadecuada también llenaron fosas comunes en todo el país.

Pero Pol Pot se negó a creer que su revolución fuera la culpable. Buscó chivos expiatorios: primero los camboyanos leales al antiguo régimen, luego los líderes comunistas de regiones selectas del país y luego los líderes comunistas clave cercanos a él. Estos presuntos "enemigos" fueron arrestados y llevados a centros de seguridad, incluido Tuol Sleng en Phnom Penh, donde fueron torturados para confesar crímenes imaginarios y luego asesinados.

Pol Pot estaba ordenando la muerte de sus camaradas más cercanos cuando los vietnamitas invadieron el país. Debido a la naturaleza cerrada del país, no quedó claro para los forasteros lo que estaba sucediendo, y los informes de los refugiados sobre los horrores de la Kampuchea Democrática a menudo fueron recibidos con incredulidad.

La lucha se intensificó en 1977, y en diciembre de 1978 los vietnamitas enviaron más de 60.000 soldados, junto con unidades aéreas y de artillería, a través de la frontera. La imagen completa surgió solo en 1979, cuando los conquistadores vietnamitas de Camboya permitieron la entrada de extranjeros, y cientos de miles de refugiados enfermos y hambrientos llegaron a Tailandia.

Sin embargo, las fosas comunes y los campos de exterminio fueron descubiertos después de la derrota de los Jemeres Rojos. En lugar de utopía, los jemeres rojos habían traído la ruina. Después de tres años de terror, fue expulsado del poder el 7 de enero de 1979 cuando los vietnamitas capturaron Phnom Penh y obligaron a Pol Pot a huir a la jungla, donde reanudó las operaciones guerrilleras.

A partir de entonces, Pol Pot utilizó la geopolítica de la Guerra Fría a su favor, convenciendo a la mayor parte de Asia y al mundo no comunista de que su gobierno de los Jemeres Rojos fue destituido ilegalmente por Vietnam. Su gobierno en el exilio conservó el reconocimiento político de Estados Unidos y gran parte del mundo durante la década de 1980, mientras que la Camboya ocupada por los vietnamitas fue sometida a severas sanciones internacionales.

Anteriormente, la esposa de Pol Pot fue hospitalizada en Beijing con un ataque de nervios y, con su permiso, se volvió a casar en 1987 y tuvo una hija con su segunda esposa. Su ejército endurecido, todavía con sus ropas negras y sandalias, se redujo después del plan de paz de las Naciones Unidas, con miles de soldados y sus familias abandonando el bastión de la montaña por ofertas de amnistía del gobierno y la oportunidad de llevar una vida normal.

A lo largo de la década de 1980, los jemeres rojos recibieron armas de China y apoyo político de Estados Unidos, que se opuso a la ocupación vietnamita que duró una década. Pero la influencia del Khmer Rouge comenzó a disminuir luego de un acuerdo de alto el fuego de 1991, y el movimiento colapsó por completo a fines de la década.

Después de que se firmara en París en 1991 un amplio acuerdo de paz que preveía la celebración de elecciones en Camboya, Tailandia dejó de reconocer a la Kampuchea Democrática o de dar refugio a Pol Pot y su séquito.

Se cree que regresó entonces a vivir en un cuartel general en la jungla de Camboya antes de su reciente derrocamiento por parte de sus antiguos seguidores.

. . .

Hasta que se acercaron las elecciones supervisadas internacionalmente en 1992, los jemeres rojos ocuparon el puesto de Camboya en las Naciones Unidas y asumieron el papel principal en agencias como la Unesco.

Aunque Pol Pot fue responsable de un número incalculable de muertes, nunca enfrentó cargos hasta julio de 1997, cuando algunos de sus antiguos seguidores del Khmer Rouge se volvieron contra él, lo denunciaron por crímenes de lesa humanidad en un juicio programado cuidadosamente y lo pusieron bajo arresto domiciliario de por vida.

Pol Pot había provocado la ira de sus antiguos aliados al ordenar el asesinato de un socio político. En un patrón que estableció cuando estuvo en el poder, Pol Pot culpó a Son Sen por su desvanecimiento en el movimiento. No solo ordenó que mataran a Son Sen, sino que también les dijo a sus seguidores que ejecutaran a más de una docena de sus familiares, incluidos sus nietos.

En el momento de la muerte de Pol Pot, las filas del Khmer Rouge contaban solo por centenares. Aunque según todos los informes, Pol Pot permaneció sin remordimientos durante sus años en el poder y en el exilio.

. . .

Aunque reconoció que "nuestro movimiento cometió errores", insistió en que había ordenado asesinatos en defensa propia, para salvar a Camboya de sus enemigos vietnamitas, y que el número de muertos era tremendamente exagerado.

Sin embargo, incluso hoy, su legado fractura al país con violencia continua, disputas políticas, corrupción y fragilidad social. Pol Pot, quien creó en Camboya uno de los regímenes más brutales y radicales del siglo XX, murió de insuficiencia cardíaca, según sus carceleros camboyanos. Tenía 73 años.

Ya debilitado por la malaria, Pol Pot se había enfermado gravemente durante algunos meses mientras estaba bajo arresto domiciliario por algunos de sus antiguos aliados.

En sus últimas dos semanas fue rodeado por el ejército del gobierno de Camboya y se había retirado más adentro de la jungla. Su esposa dijo que murió mientras dormía.

. . .

Pol Pot llevó a cabo una regla de terror que provocó la muerte de casi una cuarta parte de los siete millones de habitantes de Camboya, según las estimaciones más aceptadas, a través de ejecuciones, torturas, inanición y enfermedades. Un tribunal respaldado por las Naciones Unidas ha condenado solo a un puñado de líderes jemeres rojos por crímenes de lesa humanidad.

5

Heinrich Himmler

HEINRICH HIMMLER FUE REICHSFÜHRER-SS, jefe de la Gestapo y las Waffen-SS, ministro del Interior nazi de 1943 a 1945 y organizador del asesinato masivo de judíos en el Tercer Reich.

Himmler nació el 7 de octubre de 1900 en Munich, Alemania. Hijo de un autoritario y sumamente religioso maestro católico romano que alguna vez había sido tutor del Príncipe Heredero de Baviera, Himmler fue educado en una escuela secundaria en Landshut.

Se desempeñó como oficial cadete en el Undécimo Regimiento de Baviera al final de la Primera Guerra Mundial, y luego obtuvo un diploma en agricultura de la Escuela Superior Técnica de Munich, donde estudió desde 1918 hasta 1922.

Después de trabajar brevemente como vendedor para una empresa de fabricantes de fertilizantes, el joven Himmler se unió a una organización paramilitar nacionalista y participó en el golpe de estado de Munich Beer-Hall el noviembre de 1923, como abanderado, al lado de Ernst Rohm, secretario de Gregor Strasser y su subdirector de distrito en Baviera, Suabia y el Palatinado. También fue líder de propaganda en funciones del NSDAP de 1925 a 1930.

Después de casarse con Margarete Boden en 1927, Himmler regresó a la avicultura por un tiempo, pero no tuvo éxito en el negocio de la cría de pollos. En enero de 1929, fue nombrado jefe del guardaespaldas personal de Hitler, el Schutzstaffel (SS) de camisa negra, en ese momento un pequeño cuerpo de 200 hombres que posteriormente se convertiría bajo su liderazgo en un imperio omnipresente dentro del Estado nazi.

Elegido en 1930 para el Reichstag como diputado nazi por Weser-Ems, Himmler se concentró en ampliar la membresía de las SS, que llegó a 52.000 soldados en 1933, y asegurar su independencia del control de la SA de Rohm, a la que inicialmente estaba subordinada. Organizó el Servicio de Seguridad (SD) bajo Reinhard Heydrich, originalmente un servicio de inteligencia ideológica del Partido, y juntos, los dos hombres se aseguraron de que los nazis consolidaran su poder sobre Baviera en 1933.

En marzo de 1933, Himmler fue nombrado presidente de la policía de Múnich y poco después se convirtió en comandante de la policía política de Baviera. En septiembre de 1933, fue nombrado comandante de todas las unidades de policía política fuera de Prusia y, aunque formalmente bajo Hermann Goering, se convirtió en jefe de la policía prusiana y de la Gestapo el 20 de abril de 1934.

El punto de inflexión en la carrera de Himmler fue su mente maestra en la purga del 30 de junio de 1934, que aplastó el poder de las SA y allanó el camino para el surgimiento de las SS como una organización independiente encargada de *"salvaguardar la encarnación de la idea nacionalsocialista"* y traducir el racismo del régimen en un principio dinámico de acción.

· · ·

El 17 de junio de 1936, Himmler había completado con éxito su intento de ganar el control de la policía política y criminal en todo el Tercer Reich, convirtiéndose en jefe de la Gestapo además de su puesto como Reichsführer de las SS.

Muy hábil organizador y administrador, meticuloso, calculador y eficiente, la asombrosa capacidad de trabajo y la incontenible lujuria de poder de Himmler se manifestó en su acumulación de puestos oficiales y en su perfeccionamiento de los métodos del terrorismo de Estado organizado contra los políticos y otros opositores al régimen.

En 1933, había establecido el primer campo de concentración en Dachau y en los años siguientes, con el apoyo de Hitler, amplió enormemente la gama de personas que calificaban para el internamiento en los campos. El misticismo filosófico de Himmler, sus obsesiones de mal humor con el mesmerismo, lo oculto, los remedios herbales y la homeopatía iban de la mano con un racismo fanático de mente estrecha y un fuerte compromiso con el mito ario.

En un discurso de enero de 1937, Himmler declaró que *"no hay más prueba viviente de las leyes raciales y hereditarias que en un campo de concentración. Hay hidrocefálicos, bizcos, individuos deformes, semi-judíos: un número considerable de personas inferiores".*

La misión del pueblo alemán era *"la lucha por el exterminio de cualquier subhumano, en todo el mundo, que esté aliado contra Alemania, que es el núcleo de la raza nórdica; contra Alemania, núcleo de la nación alemana, contra Alemania, custodia de la cultura humana: significan la existencia o no del hombre blanco; y guiamos su destino".*

La "innovación" decisiva de Himmler fue transformar la cuestión racial de "un concepto negativo basado en el antisemitismo natural" en "una tarea organizativa para fortalecer las SS". El racismo debía ser salvaguardado ante la realidad de una sociedad racial, mediante los campos de concentración presididos por los *SS-Totenkopfverbände* de Himmler en Alemania, al igual que durante la Segunda Guerra Mundial las teorías de la supremacía "aria" serían establecidas por el exterminio sistemático de judíos y Eslavos en Polonia y Rusia.

El sueño romántico de Himmler de una raza de héroes rubios de ojos azules debía lograrse cultivando una élite de acuerdo con las "leyes de selección" basadas en criterios de fisonomía, pruebas mentales y físicas, carácter y espíritu. Su concepto aristocrático de liderazgo apuntaba a engendrar conscientemente un orden organizado racialmente que combinaría la autoridad carismática con la disciplina burocrática.

El hombre de las SS representaría un nuevo tipo humano - guerrero, administrador, "erudito" y líder, todo en uno - cuya misión mesiánica sería la de emprender una vasta colonización del Este. Esta aristocracia sintética, formada en una sociedad semicerrada y superpuesta al sistema nazi en su conjunto, demostraría el valor de su sangre a través de la "acción creativa" y el logro.

Desde el comienzo de su carrera como Reichsführer de las SS, Himmler había introducido el principio de selección racial y leyes especiales de matrimonio que garantizarían el emparejamiento sistemático de personas de "alto valor".

Su promoción de la ilegitimidad al establecer la ganadería humana registrada por el estado conocida como Lebensborn, donde las jóvenes seleccionadas por sus rasgos nórdicos perfectos podían procrear con hombres de las SS y su descendencia estaba mejor cuidada que en las casas de maternidad para madres casadas, reflejó la obsesión de Himmler por crear una raza de "superhombres" mediante la cría.

La notoria orden de procreación de Himmler del 28 de octubre de 1939 a todas las SS de que *"será la sublime tarea de las mujeres y niñas alemanas de buena sangre que actúen no frívolamente sino desde una profunda seriedad moral para convertirse en madres de hijos de soldados que parten a la batalla"* y su exigencia de que se permitiera un segundo matrimonio a los héroes de guerra expresaban la misma preocupación.

El hombre pequeño y tímido que parecía más un humilde empleado de banco que el dictador de la policía de Alemania, cuya conducta pedante y "cortesía exquisita" engañó a un observador inglés haciéndole decir que *"nadie que conocí en Alemania era más normal"*, era una curiosa mezcla de extravagancia, fantasía romántica y eficiencia fría, inconsciente.

Descrito como "un hombre de gestos tranquilos y sin emociones, un hombre sin nervios", sufría de una enfermedad psicosomática, fuertes dolores de cabeza y espasmos intestinales y casi se desmaya al ver a un centenar de judíos orientales (incluidas mujeres) siendo ejecutados para su beneficio en el frente ruso. Posteriormente a esta experiencia, ordenó como un "medio más humano" de ejecución, el uso de gas venenoso en cámaras especialmente construidas disfrazadas de duchas.

El excéntrico pequeñoburgués cuyo esnobismo natural lo llevó a dar la bienvenida a la vieja sangre aristocrática a las SS, revivió una red de dogmas religiosos y cosmológicos obsoletos que vinculaban a los nuevos reclutas con sus lejanos antepasados germánicos. Cultivó el "retorno a la tierra" y el sueño de las granjas de campesinos y soldados alemanes en el Este, demostrando al mismo tiempo que era un organizador diabólicamente hábil de métodos modernos de exterminio racionalizados.

El técnico supremo del poder policial totalitario que se veía a sí mismo como una reencarnación del sajón precristiano, Enrique el Cazador, avanzando hacia el este contra los eslavos - organizó el milésimo aniversario de la muerte de Enrique en 1936 – Himmler, expresó perfectamente en su propia personalidad las contradicciones del nacionalsocialismo.

. . .

Para él, las SS eran al mismo tiempo la resurrección de la antigua Orden de los Caballeros Teutónicos con él mismo como gran maestro, la crianza de una nueva aristocracia *Herrenvolk* basada en los valores tradicionales de honor, obediencia, coraje y lealtad, y la instrumentación de un vasto experimento de ingeniería racial moderna.

A través de esta casta privilegiada que iba a ser el núcleo duro del dominio imperial alemán en Europa, el centro de un nuevo aparato estatal emergería con sus tentáculos incidiendo en todas las esferas de la vida en el Tercer Reich expandido. Al reclutar "arios" de diferentes nacionalidades en sus Waffen-SS, Himmler concibió la creación de "un Reich de la nación alemana" basado en la lealtad feudal de sus comunidades al señorío y protección del Führer, encarnando una Alemania que se convertiría en el epicentro de una entidad política superior.

A fines de la década de 1930, la posibilidad de forjar este Gran Reich Germánico del futuro estuvo más cerca de realizarse cuando Himmler alcanzó la cima de su poder.

En octubre de 1939, Hitler lo nombró *Reichskommissar fur die Festigung des Deutschen Volkstums* (Comisario del Reich para el Fortalecimiento de Alemania) y se le otorgó el control absoluto sobre la porción recién anexionada de Polonia.

Responsable de traer a las personas de ascendencia alemana de fuera del Reich a sus fronteras, se propuso reemplazar a los polacos y judíos por *Volksdeutsche* de las tierras bálticas y varias partes periféricas de Polonia. En un año, más de un millón de polacos y 300.000 judíos habían sido desarraigados y expulsados hacia el este.

Con el característico espíritu autocompasivo y ascético de abnegación que inculcó en las SS, Himmler informó al Regimiento SS-Leibstandarte Adolf Hitler: "*Señores, en muchos casos es mucho más fácil que una compañía militar entre en combate, que reprimir una población obstructiva de bajo nivel cultural, o llevar a cabo ejecuciones o arrastrar personas o desalojar a mujeres llorando e histéricas*".

En 1941, Himmler asignó al general Odilo Globocnik la implementación de la Operación Reinhard. La operación, que lleva el nombre del general de las SS Reinhard Heydrich, fue el plan construido para asesinar sistemáticamente a los judíos de la Polonia ocupada y, más tarde, a la totalidad de los judíos europeos.

• • •

Con la Operación Reinhard, Himmler estableció tres centros de exterminio en Polonia: Belzec, Sobibor y Treblinka. Le siguieron más centros de exterminio. Chelmno, el primer campo en probar el uso de la matanza con gas, se convirtió en un lugar de matanza donde murieron al menos 152.000 personas. Majdanek sirvió de vez en cuando como un centro de exterminio, utilizado principalmente para matar a trabajadores judíos forzados que eran demasiado débiles para trabajar.

El último campo que Himmler designó como centro de exterminio fue Auschwitz-Birkenau en la primavera de 1942. Como símbolo del Holocausto y del sistema de campos nazi, aproximadamente un millón de hombres, mujeres y niños judíos de varios países europeos perecieron en Auschwitz. Bajo la dirección de Himmler, los nazis asesinaron a casi 2.700.000 judíos, presos políticos, romaníes, asociales, homosexuales y otros en estos centros de exterminio, ya sea por asfixia con gas o disparando.

Fue el golpe maestro de Himmler el que logró adoctrinar a las SS con un "idealismo" apocalíptico más allá de toda culpa y responsabilidad, que racionalizó el asesinato en masa como una forma de martirio y dureza hacia uno mismo. En ninguna parte fue esto más evidente que en el notorio discurso de Himmler el 4 de octubre de 1943 a los líderes del grupo de las SS en Poznan:

Un principio debe ser absoluto para los hombres de las SS: debemos ser honestos, decentes, leales y camaradas con los miembros de nuestra propia sangre y con nadie más. Lo que les sucede a los rusos, lo que les sucede a los checos, es un asunto de absoluta indiferencia para mí. La buena sangre de nuestra propia especie, como la que haya entre las naciones, la adquiriremos para nosotros, si es necesario, llevándonos a los niños y criándolos entre nosotros.

Que los demás pueblos vivan cómodamente o mueran de hambre sólo me interesa en la medida en que los necesitemos como esclavos de nuestra Kultur. Si 10.000 mujeres rusas se derrumbaron por agotamiento mientras cavaban una zanja de tanque, solo me interesa en la medida en que la zanja de tanque esté terminada para Alemania.

Nunca seremos rudos o desalmados donde no sea necesario; estamos limpios. Los alemanes, que somos las únicas personas en el mundo que tenemos una actitud decente hacia los animales, también adoptaremos una actitud decente hacia estos animales humanos, pero es un crimen contra nuestra propia sangre preocuparnos por ellos y traerles ideales.

. . .

Les hablaré aquí con toda franqueza de un asunto muy grave. Entre nosotros debería mencionarse con toda franqueza y, sin embargo, nunca hablamos de ello públicamente. Me refiero a la evacuación de los judíos, al exterminio del pueblo judío (...) la mayoría de ustedes saben lo que significa ver cien cadáveres juntos, quinientos o mil.

Haber aguantado y, al mismo tiempo, salvo excepciones provocadas por la debilidad humana, haber permanecido como compañeros decentes, eso es lo que nos ha endurecido. Esta es una página de gloria en nuestra historia que nunca se ha escrito y nunca se escribirá.

Tras el fracaso del complot del 20 de julio de 1944 para asesinar a Hitler, Himmler formó una comisión especial que arrestó a más de 5.000 opositores sospechosos y conocidos del régimen. Posteriormente fue nombrado comandante del Ejército de Reserva, que le dio la responsabilidad de los prisioneros de guerra, el sistema penal de la Wehrmacht y el desarrollo de armamentos de la Wehrmacht.

A fines de 1944, después de la invasión del Día D, Hitler nombró a Himmler comandante en jefe del Grupo de Ejércitos del Alto Rin. Posteriormente, Hitler ordenó a Himmler que creara el *Volkssturm* ("Ejército Popular") compuesto por todos los hombres alemanes de entre 16 y 60 años con la esperanza de movilizar a seis millones de hombres para luchar contra las tropas invasoras.

El 25 de enero de 1945, Himmler fue nombrado comandante del Grupo de Ejércitos Vístula, encargado de detener la ofensiva del Ejército Rojo soviético. Himmler no estaba calificado para el cargo y, cuando el contraataque que organizó no logró detener el avance soviético, Hitler responsabilizó a Himmler y lo reemplazó como comandante el 20 de marzo.

A principios de 1945, el esfuerzo bélico alemán estaba al borde del colapso y la relación de Himmler con Hitler se había deteriorado. Himmler consideró negociar de forma independiente un acuerdo de paz.

Himmler y Hitler se reunieron por última vez el 20 de abril de 1945, el cumpleaños de Hitler, en Berlín, y Himmler juró lealtad inquebrantable a Hitler. En una sesión informativa militar ese día, Hitler declaró que no saldría de Berlín, a pesar de los avances soviéticos.

. . .

El 21 de abril de 1945, Himmler se reunió con Norbert Masur, un representante sueco del Congreso Judío Mundial, para discutir la liberación de los presos judíos de los campos de concentración. Himmler afirmó falsamente en la reunión que los crematorios en los campos se habían construido para tratar los cuerpos de los prisioneros que habían muerto en una epidemia de tifus.

También afirmó tasas de supervivencia muy altas para los campos de Auschwitz y Bergen-Belsen, incluso cuando estos sitios fueron liberados y se hizo obvio que sus cifras eran falsas. Sin embargo, como resultado de estas negociaciones, cerca de 20.000 personas fueron liberadas en la operación *White Buses*.

Documentos clasificados de la inteligencia británica del MI5 indicaron que Himmler buscó obtener asilo para él y 200 nazis líderes en los últimos días de la Segunda Guerra Mundial al ofrecer la libertad de 3.500 judíos retenidos en campos de concentración, a cambio de 5 millones de francos suizos depositados en varios bancos suizos, cuenta que dijo que sería transferida a la Cruz Roja Internacional para brindar socorro a los civiles alemanes.

. . .

Según los documentos, los presos serían enviados a Suiza en dos trenes llenos. Sin embargo, después de que el primer tren lleno de 1.700 personas saliera de Theresienstadt, el jefe de seguridad nazi Ernst Kaltenbrunner informó del plan a Hitler, quien ordenó que se detuviera antes de que el segundo grupo de 1.800 judíos de Bergen-Belsen pudiera abandonar el campo. Un periódico suizo informó sobre el acuerdo, pero el informe del MI5 no dijo si algún nazi recibió asilo.

El 23 de abril, Himmler se reunió directamente con Folke Bernadotte, jefe de la Cruz Roja Sueca, en el consulado sueco en Lübeck. Representándose a sí mismo como el líder provisional de Alemania, afirmó que Hitler estaría muerto en los próximos días.

Con la esperanza de que los británicos y los estadounidenses lucharan contra los soviéticos junto con lo que quedaba de la Wehrmacht, Himmler le pidió a Bernadotte que informara al general Dwight Eisenhower de que Alemania deseaba rendirse a los aliados occidentales y no a la Unión Soviética. Bernadotte le pidió a Himmler que pusiera su propuesta por escrito, y Himmler accedió.

. . .

En la noche del 28 de abril, la BBC transmitió un informe de noticias de *Reuters* sobre los intentos de negociación de Himmler con los aliados occidentales. Hitler había considerado durante mucho tiempo a Himmler solo superado por Joseph Goebbels en lealtad y se enfureció por esta aparente traición, diciéndoles a los que aún estaban con él en el complejo del búnker que las negociaciones secretas de Himmler eran la peor traición que había conocido. Posteriormente, Hitler ordenó el arresto de Himmler.

Hitler nombró al gran almirante Karl Dönitz como su sucesor. Himmler se ofreció a sí mismo como segundo al mando, pero Dönitz rechazó las propuestas de Himmler y, dos días antes de que Alemania se rindiera, destituyó a Himmler de todos sus puestos.

Rechazado por sus antiguos camaradas y perseguido por los aliados, Himmler intentó esconderse. El 21 de mayo de 1945, Himmler y dos ayudantes fueron detenidos y detenidos en un puesto de control establecido por ex prisioneros de guerra soviéticos y luego entregados a los británicos. Himmler admitió quién era y lo llevaron al cuartel general del Segundo Ejército Británico en Lüneburg, donde un médico le realizó un reconocimiento médico.

. . .

El médico intentó examinar el interior de la boca de Himmler, pero el prisionero se mostró reacio a abrirla y apartó la cabeza. Fue así que Himmler mordió una pastilla oculta de cianuro de potasio y se derrumbó en el suelo. Murió en 15 minutos. Poco después, el cuerpo de Himmler fue enterrado en una tumba sin nombre cerca de Lüneburg. Se desconoce la ubicación de la tumba.

6

Saddam Hussein

SADDAM HUSSEIN FUE presidente de Irak durante más de dos décadas y es visto como una figura decorativa de los conflictos militares del país con Irán y Estados Unidos.

Fue un secularista que ascendió a través del partido político Ba'ath para asumir una presidencia dictatorial. Bajo su gobierno, segmentos de la población disfrutaron de los beneficios de la riqueza petrolera, mientras que los de la oposición enfrentaron tortura y ejecución.

Hussein nació el 28 de abril de 1937 en una choza de barro sobre pilotes cerca de las orillas del río Tigris, cerca del pueblo de Tikrit, 160 kilómetros al noroeste de Bagdad.

. . .

Su padre, que era pastor, desapareció varios meses antes de que naciera Saddam (las cuentas del gobierno dicen que el padre murió).

Unos meses después, el hermano mayor de Saddam murió de cáncer. Cuando nació Saddam, su madre, gravemente deprimida por la muerte de su hijo mayor y la desaparición de su esposo, no pudo cuidar de manera efectiva a Saddam y, a los tres años, lo enviaron a Bagdad a vivir con su tío, Khairallah Talfah, alrededor de un clan de campesinos sin tierra.

Su nacimiento no fue una ocasión alegre, y no hubo rosas ni plantas aromáticas adornando su cuna; sin embargo, Hussein le dijo a su biógrafo que no extrañó a su padre al crecer en un clan extenso. Años más tarde, Saddam regresaría a Al-Awja para vivir con su madre, pero las historias persistentes sugieren que el padrastro de Hussein se deleitaba al humillar al niño y lo obligaba a cuidar ovejas, además de hacerlo pasar por diversos abusos.

Finalmente, huyó a Bagdad para vivir nuevamente con Talfah, un devoto musulmán sunita y ardiente nacionalista árabe cuya política tendría una profunda influencia e impacto en el joven Saddam, quien lo dejaría asistir a la escuela.

Después de asistir a la escuela secundaria nacionalista al-Karh en Bagdad, en 1957, a los 20 años, Saddam se unió al Partido Ba'ath, cuyo objetivo ideológico último era la unidad de los estados árabes en el Medio Oriente.

El 7 de octubre de 1959, Saddam y otros miembros del Partido Ba'ath intentaron asesinar al entonces presidente de Irak, Abd al-Karim Qasim, cuya resistencia a unirse a la naciente República Árabe Unida y su alianza con el partido comunista de Irak lo habían enfrentado con los ba'azistas.

Fue así que el primer papel de Hussein en el duro mundo de la política iraquí se produjo a los 22 años, cuando el Partido Ba'ath le asignó a él y a otras nueve personas el asesinato de Abdul Karim Kassem, el general despótico que gobernaba Irak. La violencia fue una forma rápida de salir adelante para un joven que creció sin padre en una aldea empobrecida; el derramamiento de sangre se convirtió en el tema principal de su vida.

. . .

Durante el fallido asesinato, Saddam sufrió una herida de bala en la pierna. La versión oficial lo retrató como un héroe que sacó la bala con una navaja, mientras que la otra versión sugiere que la trama fracasó porque abrió fuego prematuramente.

Durante el intento de asesinato, el chófer de Qasim murió y Qasim recibió varios disparos, pero sobrevivió. Varios de los posibles asesinos fueron capturados, juzgados y ejecutados, pero Saddam y varios otros lograron escapar a Siria, donde Saddam permaneció brevemente antes de buscar asilo en Egipto, donde el presidente Gamal Abdel Nasser alimentó los movimientos revolucionarios de la región. Fue ahí donde estudió leyes.

Poco después de regresar a Irak, Saddam Hussein se casó con su prima hermana y la hija de su mentor político, Sajida Khairallah Tulfah, el 5 de mayo de 1963. La pareja tuvo dos hijos, Uday y Qusay, y tres hijas, Raghad, Rana y Hala. Tenía amantes, incluidas destacadas mujeres iraquíes, sin hacerlo público.

Los primeros años del matrimonio de Saddam Hussein coincidieron con el tumulto político en Irak, con al menos seis golpes de estado o intentos de revuelta entre el asesinato del rey Faisal II en 1958 y el golpe de Estado de julio de 1968 que llevó al partido Ba'ath al poder.

. . .

En 1963, cuando el gobierno de Qasim fue derrocado en la llamada Revolución de Ramadán, Saddam regresó a Irak, pero fue arrestado al año siguiente como resultado de las luchas internas en el Partido Ba'ath.

Mientras estuvo en prisión, sin embargo, siguió involucrado en la política y, en 1966, fue nombrado subsecretario del Comando Regional. Poco después logró escapar de la prisión y, en los años siguientes, continuó fortaleciendo su poder político.

En 1968, Saddam participó en un incruento pero exitoso golpe ba'azista que resultó en que Ahmed Hassan al-Bakr se convirtiera en presidente de Irak y Saddam en su adjunto. Durante la presidencia de al-Bakr, Saddam demostró ser un político eficaz y progresista, aunque decididamente despiadado.

Hizo mucho para modernizar la infraestructura, la industria y el sistema de atención médica de Irak, y elevó los servicios sociales, la educación y los subsidios agrícolas a niveles sin precedentes en otros países árabes de la región.

. . .

También nacionalizó la industria petrolera de Irak, justo antes de la crisis energética de 1973, que resultó en ingresos masivos para la nación.

Durante ese mismo tiempo, sin embargo, Saddam ayudó a desarrollar el primer programa de armas químicas de Irak y, para protegerse contra cualquier ataque, creó un poderoso aparato de seguridad, que incluía tanto a los grupos paramilitares ba'azistas como al Ejército Popular, y que con frecuencia utilizaba la tortura, la violación y el asesinato para lograr sus objetivos.

El papel principal de Hussein, cuando todavía tenía poco más de 30 años, era organizar la milicia del partido, la semilla del temido aparato de seguridad. En noviembre de 1969, había eliminado a rivales y disidentes hasta el punto en el que el presidente Ahmed Hassan al-Bakr lo nombró vicepresidente del Consejo del Mando Revolucionario, como se conocía al gabinete. Saddam siguió siendo jefe de las agencias de inteligencia y seguridad interna, controlando de hecho Irak.

El Partido Socialista Árabe Ba'ath, cuyo nombre significa "renacimiento" en árabe, se formó en la década de 1930 para impulsar un credo socialista secular como el camino ideal para lograr la unidad árabe. Pero ese dogma resultó ser una siniestra excusa para el encarcelamiento, el exilio o la ejecución de todos los rivales potenciales.

Ningún otro déspota árabe se comparó con el salvajismo de Hussein mientras se dedicaba a doblegar todas las instituciones estatales a su antojo.

Su acto de apertura, en enero de 1969, fue alrededor de 17 supuestos espías de Israel en una plaza del centro de Bagdad, al que siguieron cientos de arrestos y ejecuciones cuando el ala civil del Partido Baath eclipsó gradualmente al ejército iraquí.

En 1979, cuando al-Bakr intentó unir a Irak y Siria, en una medida que habría dejado a Saddam efectivamente impotente, Saddam obligó a al-Bakr a renunciar, y el 16 de julio de 1979, Saddam se convirtió en presidente de Irak. Menos de una semana después, convocó a una asamblea del Partido Ba'ath. Durante la reunión, se leyó en voz alta una lista de 68 nombres, y cada persona de la lista fue arrestada y sacada de la sala de inmediato. De esos 68, todos fueron juzgados y declarados culpables de traición y 22 fueron condenados a muerte.

. . .

Fue así que Hussein llevó a cabo quizás su purga más macabra en 1979, cuando a los 42 años consolidó su control sobre Irak. Habiendo hecho a un lado al presidente al-Bakr, convocó a una reunión de varios cientos de los mejores ba'azistas.

Un alto funcionario dio un paso al frente para confesar haber sido parte de un complot generalizado para permitir una toma de posesión siria.

Después de que los guardias se llevaron al hombre a rastras, Hussein subió al podio, llorando al principio cuando comenzó a leer una lista de docenas de implicados. Los guardias se llevaron a rastras a cada uno de los acusados.

Hussein dejó de leer ocasionalmente para encender su cigarro, mientras la habitación estallaba en cánticos casi histéricos exigiendo la muerte a los traidores. Todo el oscuro espectáculo, diseñado para no dejar dudas sobre quién controlaba Irak, fue filmado y se distribuyeron copias por todo el país.

Los pelotones de fusilamiento integrados por miembros del gabinete y otros altos funcionarios mataron inicialmente a tiros a 22 hombres, incluidos cinco ministros. La radio estatal de Irak dijo que los funcionarios ejecutaron a sus colegas mientras "animaban por la larga vida del Partido, la Revolución y el líder, presidente, luchador, Saddam Hussein". A principios de agosto de 1979, cientos de enemigos políticos de Saddam habían sido ejecutados.

Hussein invariablemente se aseguró de que quienes lo rodeaban fueran cómplices de sus actos sangrientos, que él disfrazó de patriotismo, asegurándose de que no hubiera ninguna figura inocente que pudiera reunir oposición. Saddam mantuvo el poder llenando los rangos superiores del gobierno con miembros de su clan extendido.

Sus peleas al estilo Corleone se convirtieron en tema de sangrientas telenovelas públicas. Incluso sentenció una vez a su hijo mayor, Uday, a ser ejecutado después de que mató a golpes al catador de comida de la familia frente a decenas de horrorizados invitados a la fiesta, pero luego anuló la orden. Los maridos de sus dos hijas mayores, a quienes había ascendido a importantes puestos militares, fueron asesinados a tiros después de que desertaron y luego, inexplicablemente, regresaron a Irak.

· · ·

En un relato autorizado del gobierno de Hussein llamado *"La República del Miedo"*, el arquitecto iraquí autoexiliado Kenaan Makiya (escribiendo bajo el seudónimo de Samir al-Khalil) estimó que al menos 500 personas murieron en la purga que consolidó el mandato de Saddam Hussein.

Los títulos de Hussein reflejaban su condición de gobernante absoluto inspirado en uno de sus héroes, Joseph Stalin de la ex Unión Soviética.

Entre ellos estaban el presidente de la república, el comandante en jefe de las fuerzas armadas, el mariscal de campo y el primer ministro. Además, los medios de comunicación estatales se refirieron repetidamente a él como el Luchador, el Abanderado, el Caballero de la Nación Árabe y la Espada de los Árabes.

El mismo año en que Saddam ascendió a la presidencia, el ayatolá Jomeini dirigió una exitosa revolución islámica en el vecino de Irak al noreste, Irán. A Saddam, cuyo poder político descansaba en parte en el apoyo de la población minoritaria sunita de Irak, le preocupaba que los acontecimientos en Irán, de mayoría chiíta, pudieran conducir a un levantamiento similar en Irak.

· · ·

Hussein vio su primera oportunidad para que Irak dominara la región en la agitación que azotó al vecino Irán inmediatamente después de su revolución islámica de 1979. Hussein creía que al invadir Irán podría tomar una vía fluvial en disputa a lo largo de la frontera e inspirar a los iraníes de origen árabe a rebelarse contra sus gobernantes persas. En cambio, resistieron fanáticamente.

Hussein nunca reconoció haber cometido un gran error de cálculo; más bien, vilipendió a los árabes iraníes como traidores a la causa árabe.

En respuesta entonces, el 22 de septiembre de 1980, Saddam ordenó a las fuerzas iraquíes invadir la región rica en petróleo de Juzestán en Irán. El conflicto pronto se convirtió en una guerra total, pero las naciones occidentales y gran parte del mundo árabe, temerosas de la expansión del radicalismo islámico y de lo que significaría para la región y el mundo, apoyaron firmemente a Saddam, a pesar del hecho de que su invasión a Irán violaba claramente el derecho internacional.

Hussein vio su primera oportunidad para que Irak dominara la región en la agitación que azotó al vecino Irán inmediatamente después de su revolución islámica de 1979. En septiembre de 1980, Hussein creía que al invadir Irán podría tomar una vía fluvial en disputa a lo largo de la frontera e inspirar a los iraníes de origen árabe a rebelarse contra sus gobernantes persas. En cambio, resistieron fanáticamente.

Durante el conflicto, estos mismos temores harían que la comunidad internacional ignorara esencialmente el uso de armas químicas por parte de Irak, su trato genocida con su población kurda y su floreciente programa nuclear.

Hussein nunca reconoció haber cometido un gran error de cálculo; más bien, vilipendió a los árabes iraníes como traidores a la causa árabe. Las guerras continuas minaron la riqueza de Irak y diezmaron a su gente. En 1980, Hussein arrastró a su país a un desastroso intento de derrocar al nuevo gobierno islámico en el vecino Irán.

A lo largo de su mandato, desestabilizó las filas del Partido Ba'ath con sangrientas purgas y llenó sus cárceles de prisioneros políticos para desactivar complots reales o imaginarios. En uno de sus actos más brutales, lanzó una lluvia de gas venenoso sobre la aldea kurda de Halabja, en el norte del país, en 1988, matando a unos 5.000 de sus propios ciudadanos sospechosos de ser desleales e hiriendo a 10.000 más.

El 20 de agosto de 1988, luego de años de intenso conflicto que dejó cientos de miles de muertos en ambos lados, finalmente se llegó a un acuerdo de alto el fuego.

Cuando la guerra terminó en un punto muerto, más de 200.000 iraquíes habían muerto y cientos de miles más habían resultado heridos.

A Irak le fue mal en la guerra, sobre todo porque Saddam interfirió en los planes de batalla a pesar de una completa falta de entrenamiento militar, incluso emitiendo órdenes basadas en sueños. Cuando fracasaban las estrategias impulsadas por Hussein, a menudo acusaba a los comandantes de traición, cobardía e incompetencia y los hacía ejecutar.

Irán sufrió un precio similar. La asombrosa deuda de guerra de Irak, que rondaba los 70.000 millones de dólares, pronto hizo que vecinos árabes adinerados exigieran el pago. Después del conflicto, buscando un medio para revitalizar la economía e infraestructura devastadas por la guerra de Irak, a fines de la década de 1980, Saddam dirigió su atención hacia el rico vecino de Irak, Kuwait.

Con la justificación de que era una parte histórica de Irak y enfurecido ante el reclamo de pagos, el 2 de agosto de 1990 Saddam ordenó la invasión de Kuwait. Se aprobó rápidamente una resolución del Consejo de Seguridad de la ONU que imponía sanciones económicas a Irak y fijaba una fecha límite para que las fuerzas iraquíes abandonaran Kuwait.

Cuando se ignoró la fecha límite del 15 de enero de 1991, una fuerza de la coalición de la ONU encabezada por Estados Unidos se enfrentó a las fuerzas iraquíes y, apenas seis semanas después, las expulsó de Kuwait. Se firmó un acuerdo de alto el fuego, cuyos términos incluían el desmantelamiento de Irak de sus programas de armas químicas y de gérmenes, y las sanciones económicas impuestas anteriormente contra Irak se mantuvieron en vigor. A pesar de esto y del hecho de que su ejército había sufrido una aplastante derrota, Saddam reclamó la victoria en el conflicto.

Las dificultades económicas resultantes de la Guerra del Golfo dividieron aún más a una población iraquí ya fragmentada. Durante la década de 1990, ocurrieron varios levantamientos chiítas y kurdos, pero el resto del mundo, por temor a otra guerra, la independencia kurda (en el caso de Turquía) o la expansión del fundamentalismo islámico hicieron poco o nada para apoyar estas rebeliones, y fueron finalmente aplastados por las fuerzas de seguridad cada vez más represivas de Saddam.

Al mismo tiempo, Irak también permaneció bajo un intenso escrutinio internacional. En 1993, cuando las fuerzas iraquíes violaron una zona de exclusión aérea impuesta por las Naciones Unidas, Estados Unidos lanzó un ataque con misiles dañinos contra Bagdad.

En 1998, nuevas violaciones de las zonas de exclusión aérea y la supuesta continuación de sus programas de armas por parte del Iraq llevaron a nuevos ataques con misiles contra el Iraq, que se producirían de forma intermitente hasta febrero de 2001.

Su derrota en Kuwait, seguida de más de una década de tensos enfrentamientos con Occidente por sus presuntos programas de armas, finalmente lo llevó a su derrocamiento. El baño de sangre prolongado que siguió a la invasión, con el número mensual de muertos de civiles iraquíes estimado en aproximadamente 3.000 a fines de 2006, hizo que algunos sintieran nostalgia incluso por los días opresivos de Hussein, cuando la seguridad pública no era un problema.

A sus formas represivas se les atribuyó el mérito de haber mantenido a la frágil población de 26 millones, incluido el 20 por ciento de musulmanes sunitas, que dominaban; 55 por ciento de musulmanes chiítas; el 20 por ciento de los kurdos más varias minorías diminutas, incluidos los cristianos, por la ruptura a lo largo de líneas étnicas.

Sin embargo, en el lenguaje de su gobierno orwelliano, Hussein nunca sufrió un revés.

Después de que la guerra del golfo terminó con la muerte de unos 150.000 iraquíes, llamó a "la madre de todas las batallas" su mayor victoria y sostuvo que Irak en realidad había rechazado un ataque estadounidense. De acuerdo con él, *"Irak hizo un agujero en el mito de la superioridad estadounidense y frotó la nariz de Estados Unidos en el polvo".*

Los miembros de la administración Bush habían sospechado que el gobierno de Hussein tenía una relación con la organización Al Qaeda de Osama bin Laden. En su discurso sobre el Estado de la Unión de enero de 2002, el presidente de Estados Unidos, George W. Bush, nombró a Irak como parte de su llamado "Eje del Mal", junto con Irán y Corea del Norte, y afirmó que el país estaba desarrollando armas de destrucción masiva y apoyando el terrorismo.

Más tarde ese año, comenzaron las inspecciones de la ONU de los sitios sospechosos de armas en Irak, pero finalmente se encontró poca o ninguna evidencia de que tales programas existieran. A pesar de esto, el 20 de marzo de 2003, bajo el pretexto de que Irak sí tenía un programa de armas encubierto y que estaba planeando ataques, una coalición liderada por Estados Unidos invadió Irak. En pocas semanas, el gobierno y el ejército fueron derrocados y el 9 de abril de 2003, Bagdad cayó. Saddam, sin embargo, logró eludir la captura.

En los meses siguientes, comenzó una búsqueda intensiva de Saddam. Mientras estaba escondido, Saddam lanzó varias grabaciones de audio, en las que denunciaba a los invasores de Irak y llamaba a la resistencia. Finalmente, el 13 de diciembre de 2003, Saddam fue encontrado escondido en un pequeño búnker subterráneo cerca de una granja en ad-Dawr, cerca de Tikrit. Desde allí, lo trasladaron a una base estadounidense en Bagdad, donde permanecería hasta el 30 de junio de 2004, cuando fue entregado oficialmente al gobierno interino iraquí para ser juzgado por crímenes de lesa humanidad.

Después de eludir la captura durante ocho meses, Hussein se convirtió en el Detenido de Alto Valor No. 1 del ejército estadounidense. Durante el juicio posterior, Saddam demostraría ser un acusado beligerante, a menudo desafiando ruidosamente la autoridad de la corte y haciendo declaraciones extrañas. Incluso se burló del juez iraquí que se refirió a él como el "ex" presidente después de pedirle que se identificara el primer día de su juicio por crímenes de lesa humanidad, que finalmente desembocaron en su ejecución.

"No dije 'ex presidente', dije 'presidente', y tengo derechos según la Constitución, entre ellos la inmunidad procesal", gruñó en su juicio, de acuerdo al expediente.

El estallido subrayó el egoísmo ilimitado y el autoengaño de un hombre que fomentó un culto a la personalidad tan feroz durante las décadas que dirigió la nación del Medio Oriente que bromear sobre él o criticarlo en público podría acarrear una sentencia de muerte.

. . .

El 5 de noviembre de 2006, Saddam fue declarado culpable y condenado a muerte. La sentencia fue apelada, pero finalmente fue confirmada por un tribunal de apelaciones. El 30 de diciembre de 2006, en Camp Justice, una base iraquí en Bagdad, Saddam fue ahorcado, a pesar de su solicitud de ser fusilado. Fue enterrado en Al-Awja, su lugar de nacimiento, el 31 de diciembre de 2006.

Incluso al final, no mostró ningún remordimiento.

Cuando cuatro políticos iraquíes lo visitaron después de su captura en diciembre de 2003, le preguntaron sobre sus actos más brutales. Llamó al ataque de Halabja obra de Irán; dijo que Kuwait era legítimamente parte de Irak y que las fosas comunes estaban llenas de ladrones que huían de los campos de batalla. Hussein declaró que había sido "justo pero firme" porque los iraquíes necesitaban un gobernante duro.

El ahorcamiento de Saddam Hussein acabó con la vida de uno de los tiranos más brutales de la historia reciente y anuló la ficción que él mismo mantenía incluso cuando se avecinaba la horca: que seguía siendo presidente de Irak a pesar de ser derrocado por el ejército de los Estados

Unidos y que su poder y sus palacios le serían restaurados a tiempo.

Si la vida de un hombre se puede reducir a una sola marca física, la muñeca derecha de Hussein se tatuó con una línea de tres puntos azul oscuro, que comúnmente se les da a los niños en áreas rurales y tribales. Algunos iraquíes urbanizados se quitaron o al menos blanquearon los suyos, pero los antiguos confidentes de Hussein afirmaron que él nunca disfrazó el suyo.

En última instancia, debajo de toda la oratoria socialista, debajo de las referencias coránicas, los trajes a medida y las invocaciones de la gloriosa historia de Irak, Hussein se aferró al espíritu de un campesino de aldea que creía que el hombre fuerte lo era todo. Estaba tratando de ser un líder tribal a gran escala. Su gobierno era primordial, y mantenerlo era su principal objetivo detrás de todas las conversaciones sobre el desarrollo de Irak aprovechando su considerable riqueza y mano de obra.

Mezquitas, aeropuertos, barrios y ciudades enteras recibieron su nombre. Un arco militar erigido en Bagdad en 1989 fue modelado en sus antebrazos y luego agrandado 40 veces para sostener dos espadas cruzadas gigantes. En la escuela, los alumnos aprendían canciones con letras como *"Saddam, oh Saddam, llevas el amanecer de la nación en tus ojos"*.

El déspota, conocido como Saddam, había oprimido a Irak durante más de 30 años, desatando devastadoras guerras regionales y reduciendo a su otrora prometedora nación rica en petróleo a un estado policial claustrofóbico.

Durante décadas, había parecido que su control inquebrantable sobre Irak perduraría, particularmente después de que pasó por desastrosas aventuras militares primero contra Irán y luego contra Kuwait, donde una coalición liderada por Estados Unidos derrotó a su inesperadamente tímido ejército en 1991.

Su propia convicción de que estaba destinado por Dios a gobernar Irak para siempre fue tal que se negó a aceptar que sería derrocado en abril de 2003, incluso cuando los tanques estadounidenses penetraron en la capital iraquí, Bagdad, en una guerra que se ha convertido en una amarga ocupación sangrienta y duradera.

. . .

Su esposa, tres hijas y aproximadamente una docena de nietos le sobreviven. Uday y Qusay, junto con el hijo adolescente de Qusay, Mustapha, murieron en julio de 2003 durante un tiroteo con las fuerzas estadounidenses en una villa en la ciudad norteña de Mosul. Denunciados por un informante, habían sido los dos hombres más buscados en Irak después de su padre.

7

Idi Amin

Idi Amin, conocido como el "Carnicero de Uganda" por su brutal y despótico gobierno como presidente de Uganda en la década de 1970, es quizás el más notorio de los dictadores africanos posteriores a la independencia. Amin tomó el poder en un golpe militar en 1971, gobernó Uganda durante ocho años y encarceló o mató al menos a 100.000 de sus oponentes. Fue derrocado en 1979 por los nacionalistas ugandeses, tras lo cual se exilió.

Idi Amin Dada Oumee nació alrededor de 1923 cerca de Koboko, en la provincia del Nilo Occidental de lo que hoy es la República de Uganda. Abandonado por su padre a una edad temprana, fue criado por su madre, una herbolaria y adivina. Amin era miembro del grupo étnico

Kakwa, una pequeña tribu islámica que se había asentado en la región.

Amin recibió poca educación formal. En 1946, se unió a las tropas africanas coloniales de Gran Bretaña conocidas como *King's African Rifles* (KAR) y sirvió en Birmania, Somalia, Kenia (durante la represión británica del Mau Mau) y Uganda. Aunque se le consideraba un soldado habilidoso, Amin desarrolló una reputación de crueldad y estuvo a punto de ser destituido en varias ocasiones por su brutalidad excesiva durante los interrogatorios.

Sin embargo, ascendió de rango, llegando a sargento mayor antes de finalmente convertirse en un efendi, el rango más alto posible para un africano negro que servía en el ejército británico. Amin también fue un atleta consumado, que ostentaba el título del campeonato de boxeo de peso semipesado de Uganda de 1951 a 1960.

A medida que Uganda se acercaba a la independencia, el cercano colega de Amin, Apollo Milton Obote, líder del Congreso Popular de Uganda (UPC), fue nombrado ministro en jefe y luego primer ministro. Obote hizo que Amin, uno de los dos únicos africanos de alto rango en el KAR, fuera nombrado primer teniente del ejército de Uganda.

. . .

Enviado al norte para sofocar el robo de ganado, Amin perpetró tales atrocidades que el gobierno británico exigió que fuera procesado. En cambio, Obote se las arregló para que recibiera más entrenamiento militar en el Reino Unido.

A su regreso a Uganda en 1964, Amin fue ascendido a comandante y se le asignó la tarea de enfrentarse a un ejército en rebelión. Su éxito lo llevó a un nuevo ascenso a coronel. En 1965, Obote y Amin estuvieron implicados en un acuerdo para sacar de contrabando oro, café y marfil de la República Democrática del Congo.

Una investigación parlamentaria exigida por el presidente Edward Mutebi Mutesa II puso a Obote a la defensiva.

Obote ascendió a Amin a general y lo nombró jefe de gabinete, arrestó a cinco ministros, suspendió la constitución de 1962 y se declaró presidente. Mutesa se vio obligado a exiliarse en 1966 después de que las fuerzas gubernamentales, bajo el mando de Amin, asaltaran el palacio real.

. . .

Idi Amin comenzó a fortalecer su posición dentro del Ejército utilizando los fondos obtenidos del contrabando y del suministro de armas a los rebeldes en el sur de Sudán. También desarrolló vínculos con agentes británicos e israelíes en el país.

El presidente Obote respondió primero poniendo a Amin bajo arresto domiciliario. Cuando esto no funcionó, Amin fue relegado a un puesto no ejecutivo en el Ejército. El 25 de enero de 1971, mientras Obote asistía a una reunión en Singapur, Amin encabezó un golpe de estado, tomó el control del país y se declaró presidente.

La historia popular recuerda el título declarado de Amin de ser "Su Excelencia Presidente vitalicio, Mariscal de campo Al Hadji Doctor Idi Amin, VC, DSO, MC, Señor de todas las bestias de la Tierra y Peces del mar, y Conquistador del Imperio Británico en África en general y Uganda en particular".

Inicialmente, Amin fue recibido tanto en Uganda como por la comunidad internacional. El presidente Mutesa, conocido cariñosamente como el "Rey Freddie", había muerto en el exilio en 1969, y uno de los primeros actos de Amin fue devolver el cuerpo a Uganda para un entierro estatal.

Los presos políticos (muchos de los cuales eran seguidores de Amin) fueron liberados y la Policía Secreta de Uganda fue disuelta. Al mismo tiempo, sin embargo, Amin formó "escuadrones asesinos" para perseguir a los partidarios de Obote.

Obote se refugió en Tanzania, desde donde, en 1972, intentó sin éxito recuperar el país mediante un golpe militar. Los partidarios de Obote dentro del ejército de Uganda, predominantemente de los grupos étnicos Acholi y Lango, también participaron en el golpe.

Amin respondió bombardeando ciudades de Tanzania y purgando al ejército de oficiales acholi y lango. La violencia étnica creció hasta incluir a todo el ejército y luego a los civiles ugandeses, ya que Amin se volvió cada vez más paranoico. El Hotel Nile Mansions en Kampala se hizo famoso por ser el centro de interrogatorios y torturas de Amin, y se dice que Amin se mudó de residencia con regularidad para evitar intentos de asesinato.

. . .

Sus escuadrones de asesinos, bajo los títulos oficiales de "Oficina de Investigación del Estado" y "Unidad de Seguridad Pública", fueron responsables de decenas de miles de secuestros y asesinatos.

Amin ordenó personalmente la ejecución del arzobispo anglicano de Uganda, el canciller del Makerere College, el gobernador del Banco de Uganda y varios de sus propios ministros parlamentarios.

En 1972, Amin declaró la "guerra económica" a la población asiática de Uganda, un grupo que dominaba los sectores comercial y manufacturero de Uganda, así como una parte significativa de la administración pública. A setenta mil titulares asiáticos de pasaportes británicos se les dio tres meses para abandonar el país, y los negocios abandonados fueron entregados a los partidarios de Amin.

Amin rompió las relaciones diplomáticas con Gran Bretaña y "nacionalizó" 85 empresas de propiedad británica. También expulsó a los asesores militares israelíes y, en cambio, recurrió al coronel Muammar Muhammad al-Gadhafi de Libia y la Unión Soviética en busca de apoyo.

. . .

Muchos consideraban que Amin era un líder sociable y carismático, y la prensa internacional lo describía a menudo como una figura popular.

En 1975, fue elegido presidente de la Organización de la Unidad Africana (aunque Julius Kambarage Nyerere, presidente de Tanzania, Kenneth David Kaunda, presidente de Zambia, y Seretse Khama, presidente de Botswana, boicotearon la reunión). Una condena de las Naciones Unidas fue bloqueada por jefes de estado africanos.

La leyenda popular afirma que Amin estuvo involucrado en rituales de sangre y canibalismo. Fuentes más autorizadas sugieren que pudo haber sufrido hipomanía, una forma de depresión maníaca caracterizada por un comportamiento irracional y arrebatos emocionales.

A medida que su paranoia se hizo más pronunciada, Amin importó tropas de Sudán y Zaire. Finalmente, menos del 25 por ciento del ejército era ugandés. El apoyo a su régimen flaqueó cuando los relatos de las atrocidades de Amin llegaron a la prensa internacional. La economía de Uganda sufrió, con una inflación que eclipsó el 1.000%.

En octubre de 1978, con la ayuda de las tropas libias, Amin intentó anexar Kagera, la provincia norteña de Tanzania (que comparte frontera con Uganda).

El presidente de Tanzania, Julius Nyerere, respondió enviando tropas a Uganda y, con la ayuda de las fuerzas rebeldes de Uganda, pudieron capturar la capital de Uganda, Kampala. Amin huyó a Libia, donde permaneció durante casi 10 años antes de trasladarse finalmente a Arabia Saudita. Allí permaneció exiliado por el resto de su vida.

El 16 de agosto de 2003, Amin murió en Jeddah, Arabia Saudita. La causa de la muerte se informó como insuficiencia orgánica múltiple. Aunque el gobierno de Uganda anunció que su cuerpo podría ser enterrado en Uganda, fue rápidamente enterrado en Arabia Saudita. Amin nunca fue juzgado por su flagrante abuso de los derechos humanos.

. . .

El brutal reinado de Amin ha sido objeto de numerosos libros, documentales y películas dramáticas, como *"Fantasmas de Kampala", "El último rey de Escocia"* y *"General Idi Amin Dada: un autorretrato"*. Aunque a menudo fue representado en su época como un bufón excéntrico con delirios de grandeza, ahora se considera a Amin uno de los dictadores más crueles de la historia. Los historiadores creen que su régimen fue responsable de al menos 100.000 muertes y posiblemente muchas más.

8

Iván el Terrible

IVÁN EL TERRIBLE, nacido Iván IV Vasilyevich, fue el Gran Príncipe de Moscú y el primer Zar de Rusia. Bajo su gobierno, Rusia se transformó de un grupo vagamente conectado de estados medievales individuales a un imperio moderno. La palabra rusa traducida como "terrible" en su nombre tiene connotaciones positivas de ser admirable y formidable, no malvado ni aterrador.

Iván era el hijo mayor del Gran Príncipe de Moscú, Vasili III, y su segunda esposa Elena Glinskaya, una mujer noble del Gran Ducado de Lituania. Solo los primeros años de su vida fueron algo parecido a lo normal.

. . .

Cuando Iván tenía solo 3 años, su padre murió después de que un absceso en su pierna le provocara un envenenamiento de la sangre.

Así, el Gran Príncipe de Moscú Vasili III, al morir en 1533, dejó dos hijos, Iván y Yuri. Iván fue nombrado Gran Príncipe de Moscú y ya que, por supuesto, el nuevo Gran Príncipe no podía gobernar, por lo que el poder se concentró en las manos de su madre, Elena Glinskaya, que era una mujer enérgica y hambrienta de poder.

Su madre envió a prisión a su propio tío, el príncipe Mikhail Glinsky, y a los tíos del Gran Príncipe, los príncipes Yuri Ivanovich y Andrei Ivanovich, ya que le parecían peligrosos a Elena. Los tres murieron en la cárcel. La propia Elena tampoco vivió mucho. Se dice que fue envenenada por boyardos descontentos en 1538.

Las luchas que enfrentaron Iván y Yuri no están bien documentadas, pero lo cierto es que Iván tenía muy poco poder propio mientras crecía. Después de la muerte de su madre, Iván tenía solo siete años y medio y su hermano cinco.

. . .

Los niños no tenían parientes cercanos porque, como se dijo anteriormente, habían muerto en prisión.

Iván solo tenía un primo, el joven hijo del príncipe Andrei, el príncipe Staritsky. Entonces, el Gran Príncipe Iván, menor de edad, era un huérfano indefenso.

En los viejos tiempos, los boyardos y metropolitanos gobernaban para suplir a los jóvenes príncipes de Moscú (como lo fue, por ejemplo, durante la infancia de Dmitry Donskoy). Fue así que los boyardos también comenzaron a gobernar en lugar del joven Iván IV. Pero en los viejos tiempos, los boyardos y metropolitanos eran leales a sus príncipes y cumplían con sus intereses.

Sin embargo, durante la infancia de Iván IV, los boyardos ya eran completamente diferentes. Los miembros más nobles de la dinastía Rurik, los príncipes de la familia Shuisky, tomaron autocráticamente el gobierno. Después, el príncipe Belsky les quitó el poder, pero Belsky fue derrocado por los príncipes Shuisky.

Durante los disturbios, los boyardos no perdonaron ni al Gran Príncipe ni a los metropolitanos. No mostraron ningún respeto a Iván, irrumpieron en sus habitaciones con sus peleas y discusiones. Los metropolitanos fueron expulsados de Metrópolis por la fuerza (primero Daniel y luego Joasaphus).

Sólo el arzobispo Macarius, llamado metropolitano de Novgorod, mantuvo su cargo, pues era un hombre de gran inteligencia y tacto. Los boyardos trataban a la gente común "como leones", robando e hiriendo, en lugar de gobernar con justicia.

Esa fue la atmósfera de la infancia de Iván IV. No vio la bondad y el amor de los boyardos. Solo durante las ceremonias, frente a la gente, le proporcionaron signos de reverencia externa como el Gran Príncipe. En la vida real, Iván y su hermano crecieron (como dijo el propio Iván) como las personas más miserables.

Los boyardos casi nunca les daban de comer a sus gobernantes a tiempo; los niños estaban mal vestidos y maltratados en todos los sentidos. Cuando los soberanos jugaban en las habitaciones de su padre, un príncipe Shuisky, por ejemplo, se estiró en el banco, poniendo el pie en su cama. El pequeño Iván se sintió terriblemente ofendido por esta falta de respeto, así como por la abierta depredación de los príncipes Shuisky, que robaron del palacio oro y plata, pieles y telas.

El niño se enojó cada vez más. Sin una buena educación, sucumbió a sus malos sentimientos. Soñaba con vengarse de los boyardos.

Cuando Iván tenía solo trece años, logró vengarse de uno de los Shuisky (el príncipe Andrei Mikhailovich). Iván ordenó a sus cazadores que lo agarraran, y los cazadores mataron a este príncipe. Al mismo tiempo, Iván mostró crueldad en todos sus juegos, torturando y mutilando animales y humanos.

La ira se plantó en Iván con la educación de los boyardos y, con ella, se convirtió en duplicidad e hipocresía. Sin atreverse todavía a eliminar a los gobernantes que odiaba, ocultó sus sentimientos y se encontraba entre ellos haciendo un doblete.

Iván solo tuvo un buen amigo en su niñez: el Metropolitano Macarius. Educado e inteligente, Macarius compiló en ese momento su famosa colección de vidas y enseñanzas, teniendo por ejemplo el Gran Lector de Menaion, y poseyendo una enorme biblioteca. Él imbuyó a Iván la sed de lectura y formó su mente, familiarizando a Iván con el concepto de Moscú como la Tercera Roma, y despertando en él el deseo de hacer un gran reinado en el "reino" ortodoxo de Moscú.

Pero la influencia de Macario no pudo destruir en Iván el deterioro moral y la falta de disciplina. Inteligente y culto, vivaz y activo, el Gran Príncipe al mismo tiempo creció enojado y astuto, capaz de crueldad y con debilidad por la mala diversión y el disfrute.

Este fue Iván IV hasta su edad adulta, es decir, hasta los 16-17 años. Habiendo cumplido los 16 años, anunció al Metropolitano y a los boyardos su deseo de casarse y adoptar una corona de zares. Eligió como esposa a una niña noble común (no princesa) Anastasia Romanova, de la familia de Fedor Koshka, y a principios de 1547 fue coronado zar y se casó. El rito solemne de la coronación convirtió al Gran Príncipe de Moscú en el "zar".

Así, solo dos semanas después de su coronación, Iván se casó con Anastasia Romanova, la primera mujer en llevar el título formal de zarina y miembro de la familia Romanov, que llegaría al poder después de que la dinastía Rurik de Iván flaqueara después de su muerte. La pareja tendría tres hijas y tres hijos, incluido el eventual sucesor de Ivan, Feodor I.

Era necesario obtener el reconocimiento del nuevo título de los Patriarcas orientales (que se reanudó en Moscú el reino ortodoxo universal, perdido con la caída de Constantinopla), y luego de todos los demás estados.

El Patriarca de Constantinopla envió su consentimiento y bendición a Iván IV en 1561, pero muchos otros soberanos rechazaron el título real de los zares de Moscú durante mucho tiempo, nombrándolos solo Grandes Príncipes, como antes.

Casi inmediatamente, Ivan se enfrentó a una crisis importante cuando el gran incendio de 1547 barrió a través de Moscú, devastando enormes porciones de la ciudad y dejando miles de muertos y personas sin hogar. La culpa recayó sobre los parientes maternos Glinski de Iván, y su poder fue inmediatamente destituido.

Aparte de este desastre, sin embargo, el reinado de Iván en sus inicios fue relativamente pacífico, dejándole tiempo para hacer grandes reformas. Se actualizó el código legal, creó un parlamento y un consejo de nobles, introdujo la autonomía local a las zonas rurales, fundó un ejército permanente, y estableció el uso de la imprenta, todo dentro de los primeros años de su reinado.

Iván también abrió Rusia a una cierta cantidad de comercio internacional. Permitió que la Compañía de Moscovia inglesa tuviera acceso a su país y comerciara con él e incluso entabló correspondencia con la reina Isabel I.

Más cerca de casa, se aprovechó de los sentimientos pro-Rusia en la cercana Kazán y conquistó a sus vecinos tártaros, lo que llevó a la anexión de toda la región del Medio Volga. Para conmemorar su conquista, Iván hizo construir varias iglesias, la más famosa es la Catedral de San Basilio, ahora la imagen icónica de la Plaza Roja de Moscú. Contrariamente a la leyenda, no obligó a cegar al arquitecto después de completar la catedral; el arquitecto Postnik Yakovlev pasó a diseñar varias otras iglesias.

El reinado de Iván también vio la exploración y expansión rusa en la región norte de Siberia. Sin embargo, la década de 1560 trajo grandes disturbios tanto a nivel nacional como internacional. Iván lanzó la Guerra de Livonia en un intento fallido de obtener acceso a las rutas comerciales del Mar Báltico.

. . .

Al mismo tiempo, Iván sufrió pérdidas personales: su esposa Anastasia murió presuntamente envenenada, y uno de sus consejeros más cercanos, el príncipe Andrei Kurbsky, se volvió traidor y desertó en favor de los lituanos, destruyendo una región del territorio ruso. En 1564, Iván anunció que tenía la intención de abdicar debido a estas continuas traiciones. Incapaces de gobernar, los boyardos (nobles) le rogaron que regresara, y lo hizo, con la condición de que se le permitiera convertirse en un gobernante absoluto.

Al regresar, Iván creó la *oprichnina*, un sub-territorio que le debía lealtad únicamente a Iván, no al gobierno en su conjunto. Con la ayuda de un guardia personal recién formado, Iván comenzó a perseguir y ejecutar a los boyardos que, según él, estaban conspirando contra él.

Sus guardias, llamados oprichniks, recibieron las tierras de los nobles ejecutados y no tuvieron que rendir cuentas a nadie; como resultado, las vidas de los campesinos sufrieron mucho bajo sus nuevos señores y su posterior éxodo masivo hizo subir los precios del grano.

Iván finalmente se volvió a casar, primero con María Temryukovna en 1561 hasta su muerte en 1569; con quien tuvo un hijo, Vasili. A partir de entonces, sus matrimonios fueron cada vez más desastrosos. Tuvo dos esposas más que estaban oficialmente casadas con él por la iglesia, así como tres matrimonios o amoríos no autorizados. Durante este período, también lanzó la Guerra Ruso-Turca, que duró hasta la formación de un tratado de paz de 1570.

Ese mismo año, Iván llevó a cabo uno de los momentos más bajos de su reinado: el saqueo de Novgorod.

Convencido de que los ciudadanos de Novgorod, que sufrían una epidemia y una hambruna, planeaban desertar en favor de Lituania, Iván ordenó la destrucción de la ciudad y la captura, tortura y ejecución de sus ciudadanos por cargos falsos de traición, incluidos niños.

Esta atrocidad sería la última resistencia de sus oprichniks; en la guerra entre Rusia y Crimea de 1571 obtuvieron resultados desastrosos cuando se enfrentaron a un ejército real y se disolvieron en un año aproximadamente.

Los conflictos de Rusia con sus vecinos de Crimea continuaron durante el reinado de Iván. En 1572, sin embargo, se sobrecargaron y el ejército ruso pudo poner fin de manera decisiva a las esperanzas de Crimea —y de sus patrocinadores, los otomanos— de expandirse y conquistar el territorio ruso.

La paranoia e inestabilidad personal de Iván aumentaron a medida que envejecía, lo que lo llevó a la tragedia. En 1581, golpeó a su nuera Elena porque creía que se había vestido de manera demasiado inmodesta; se dice que ella pudo haber estado embarazada en ese momento.

Su hijo mayor, el esposo de Elena, también llamado Iván, se enfrentó a él, frustrado por la interferencia de su padre en su vida (Iván el mayor había enviado a las dos esposas anteriores de su hijo a los conventos cuando no pudieron producir herederos de inmediato). El padre y el hijo llegaron a los golpes, Iván acusó a su hijo de conspiración y golpeó a su hijo con su cetro o bastón. El golpe resultó fatal y el zarevich murió pocos días después, para gran dolor de su padre.

En sus últimos años, Iván estuvo plagado de debilidad física, casi incapaz de moverse en algunos puntos. Su salud se deterioró y murió de un derrame cerebral el 28 de marzo de 1584. Dado que su hijo Iván, que había sido entrenado para gobernar, murió, el trono pasó a su segundo hijo, Feodor, que era un gobernante incapaz y murió sin hijos, lo que condujo a la "época de problemas" de Rusia, que no terminaría hasta que Miguel I de la casa de Romanov tomara el trono en 1613.

Iván dejó un legado de reforma sistémica, sentando las bases para el avance del aparato estatal ruso. Sin embargo, su obsesión por la conspiración y el gobierno autoritario también dejó un legado de poder imperial absoluto y autocracia que, siglos después, irritaría a la población rusa hasta el punto de la revolución.

9

Leopold II

El rey Leopold II gobernó Bélgica desde 1865 hasta 1909. Hoy en día, el recuerdo de su reinado aún vive y es glorificado con estatuas de oro a su semejanza en todas las ciudades importantes de Bélgica. En las clases de historia, a cada generación se le enseña que fue un humanitario que trajo el cristianismo y las maravillas de la civilización al Estado Libre del Congo.

Sin embargo, la verdad se ha mantenido alejada del pueblo belga. La realidad es que el rey Leopold II es responsable del asesinato y mutilación de 10 millones de congoleños. Este puede ser el mayor encubrimiento de la historia europea.

. . .

Leopold II nació en 1835, hijo del rey Leopold I y Luisa María de Orleans. Fueron la primera familia real de Bélgica, porque el país tenía solo 5 años. Durante miles de años, ese territorio había sido conquistado por los cercanos Países Bajos, Francia, Alemania y Luxemburgo. Se trataba de un país recién independizado que aún tenía que formar una identidad nacional única.

Leopold II tenía dos hermanos menores llamados Phillipe y Charlotte. Su vida familiar era disfuncional, por decir lo menos. Poco después del nacimiento de Charlotte, en 1844, el rey Leopold I conoció a una chica de 16 años llamada Arcadie Claret. El rey tenía 54 años en ese momento, pero eso no le impidió tener una aventura con una adolescente.

Claret se convertiría en baronesa y sus hijos, Georg y Arthur, se convirtieron en barones. Había rumores de que Leopold I tenía muchas otras aventuras, por lo que se desconoce el número exacto de medios hermanos que tuvo Leopold II. La reina Luisa María se sentía comprensiblemente desdichada en su matrimonio y decidió dejar salir su ira sobre sus hijos. Se burlaría de la gran nariz que el joven Leopold II heredó de su padre. Ella le dijo a su hijo que tenía la cara "desfigurada" y que tenía el pico de un pájaro.

. . .

En 1853, cuando tenía 18 años, Leopold II contrajo matrimonio concertado con María Enriqueta de Austria. Dado que él nunca había visto realmente cómo era un matrimonio amoroso, la pareja de adolescentes se sentía increíblemente incómoda el uno con el otro. Alguien de la corte real belga había comentado que verlos juntos era como ver a una "monja y un mozo de cuadra". La gente pensó que esto era tan hilarantemente exacto que la frase se repitió entre todos los que los conocían.

Aparentemente, sus padres se preocupaban tan poco por Leopold, que ni siquiera se molestaron en contarle sobre los pájaros y las abejas. La tía de Leopold, la reina Victoria de Inglaterra, tuvo un gran matrimonio con su esposo Albert, y aparentemente le dio a su sobrino muchos consejos sexuales... Lo que probablemente fue exactamente tan incómodo como puedes imaginar. Leopold II y Marie Henriette finalmente descubrieron el proceso, pues tuvieron dos hijas juntos.

Cuando Leopold I murió en 1865, Leopold II ascendió al trono como nuevo Rey de Bélgica. Dado que su vida personal era tan disfuncional, realmente no sorprende que su felicidad y satisfacción provinieran de la consecución de cosas materiales.

Según Guillermo II, el gobernante de Alemania, mientras estaba viendo un desfile con Leopold II en Berlín, comentó: *"realmente no nos queda nada para nosotros, los reyes, excepto dinero"*.

Antes de morir, el padre del rey Leopold II hizo 50 intentos por conquistar una colonia para Bélgica, pero siempre había fracasado. Tenía claro que el poder que tenían otros países como Inglaterra, Francia, Alemania y Estados Unidos se debía a la colonización. Leopold I creía que, sin colonizar una nación africana, nunca serían considerados una de las potencias mundiales más grandes.

Leopold II continuó el proceso donde lo dejó su padre, pero no quería conquistar una nación en nombre de Bélgica. En su lugar, planeaba hacer de todo un país su propiedad personal. De esta manera, podría tener un control total y tener acceso directo a las ganancias.

. . .

Sabía que si era honesto acerca de sus ambiciosas intenciones ninguna de las otras grandes potencias estaría de acuerdo en dejarlo colonizar todo un país por sí mismo. Entonces, les dijo a todos que su misión era difundir el cristianismo en el Congo. Quería convertir y civilizar a esas pobres almas sin Dios.

En 1884, se reunió con otras 14 naciones europeas en la Conferencia de Berlín. Presentó su idea de colonizar el Congo y afirmó que quería gastar su propia fortuna para traer misioneros a África por la bondad de su propio corazón. También prometió que el resto de Europa podría explorar y comerciar libremente desde su país como quisiera.

El Congo era conocido por ser increíblemente peligroso y difícil de colonizar. La selva tropical y la sabana están llenas de gorilas, leones, leopardos y lobos. El río Congo tiene cocodrilos e hipopótamos devoradores de hombres, y los insectos son portadores de enfermedades mortales.

En general, era un lugar muy salvaje y no muchos europeos querían vivir allí. Si Leopold II realmente quería asumir el desafío, las otras potencias mundiales no vieron nada malo en ello.

. . .

Un explorador y periodista galés llamado Henry Morton Stanley ya tenía años de experiencia en África. Fue enviado a proyectos por varios periódicos del Reino Unido, y se convirtió en un experto en el continente.

A través de sus escritos, trató de convencer a la reina Victoria de que, a pesar de todas las dificultades, creía que valdría la pena colonizar el Congo. Sus sugerencias nunca tuvieron ningún impacto, hasta que el rey Leopold II encontró el trabajo de Stanley. En 1879, el rey lo envió en una misión para colonizar el Congo.

Henry Morton Stanley utilizó trucos de salón para convencer a los jefes tribales africanos de que los hombres blancos eran invencibles. Usó un artilugio que funcionaba con baterías para hacer que su agarre fuera tan fuerte que los hombres congoleños casi se derrumbaron de un simple apretón de manos.

Stanley afirmó que los hombres blancos podían arrancar un árbol del suelo con sus propias manos. Sostuvo una lupa a la luz del sol y usó su reflejo para encender su cigarro, afirmando que los hombres blancos tenían poder sobre el sol.

. . .

Finalmente, le entregó una pistola a un nativo. Le indicó que retrocediera varios metros y tratara de dispararle. Stanley había sacado la pólvora y la bala de antemano, por supuesto, y cuando el joven apretó el gatillo, Stanley se dobló dramáticamente, solo para quitarse el zapato y sacudir la bala contra el suelo.

Afirmó que los hombres blancos eran espíritus que no podían ser asesinados, por mucho que lo intentaran, y que una bala los pasaría de largo sin matarlos.

Esto fue suficiente para aterrorizar a los jefes y hacerles firmar un contrato que declaraba al rey Leopold II como el nuevo propietario del Congo. Por supuesto, el pueblo congoleño no tenía idea de lo que realmente decía el contrato, pero sirvió como un documento legal a los ojos de los europeos.

Leopold quería mantener la ilusión de que iba a hacer el bien en el país, por lo que llegó a llamarlo "El Estado Libre del Congo". Henry Morton Stanley publicó un libro sobre su viaje por África llamado *Through the Dark Continent*. Pudo realizar una gira de conferencias por Londres e incluso fue nombrado caballero en el año 1899.

. . .

Leopold II realmente estaba pagando todos los gastos iniciales para colonizar el Congo de su propio bolsillo.

Nombró gobernadores generales para administrar los distintos territorios del país.

Los hombres de Leopold finalmente descubrieron que la selva tropical tenía un suministro abundante de árboles de caucho: esto fue como tropezar con una mina de oro.

En ese momento, había una gran demanda de caucho natural para fabricar neumáticos, pero había una oferta muy pequeña. El único problema, por supuesto, era encontrar una forma de pagar el trabajo manual; fue así que Leopold II ordenó a sus hombres esclavizar al pueblo congoleño.

Cada uno de los gobernadores generales tenía su propia táctica para lograrlo. Por lo general, prendían fuego a una aldea, de modo que no había lugar alguno donde nadie se pudiera esconder. Una vez hecho, dispararían y capturarían a las mujeres de la aldea, y les dirían a los hombres que, si no traían cada uno 15 kg de caucho al final del día, matarían a sus esposas e hijas. El Estado Libre del Congo era todo menos libre.

El rey Leopold II creía que todas estas personas eran sus esclavos personales y que podía hacer lo que quisiera con ellos. El rey Leopold entregó personalmente bonificaciones a los comandantes si podían producir más caucho, por cualquier medio necesario.

Leopold comenzó a desarrollar su propio ejército privado en el Congo llamado *The Force Publique*. Cuando sus hombres estaban destruyendo una aldea, seleccionaban a los jóvenes más altos y de aspecto más fuerte para reclutarlos como soldados. Estos soldados capturados recibieron instrucciones de matar sistemáticamente a cualquiera que desobedeciera las órdenes de los gobernadores generales.

Se les dijo que no se les permitía desperdiciar munición y que debían matar a un hombre de una sola bala. Se les pidió que trajeran una mano cortada por cada bala disparada. Si no lo hicieran, serían asesinados por su general.

. . .

Esto llevó a que los soldados le cortaran las manos a las personas que aún estaban vivas, cada vez que desperdiciaban municiones.

Mientras tanto, en Europa, la gente no tenía idea de lo que estaba pasando realmente. Se corrió la voz de que el rey Leopold II necesitaba más soldados para ayudar con su "misión cristiana" de colonizar el Congo. Cientos de jóvenes de Bélgica, Italia, Noruega, Suecia y Dinamarca se inscribieron para unirse a *The Force Publique*.

Se les enseñó que estos nativos negros eran animales y no completamente humanos como ellos, por lo que no deberían sentirse culpables por matarlos cuando fuera necesario.

Después de un tiempo, estos hombres se volvieron insensibles a la matanza. Algunos de los soldados destripaban a las personas y les arrancaban las entrañas, o cortaban los genitales de un grupo de hombres solo para colgarlos en una fila. Algunos de los gobernadores generales escribieron cartas al rey Leopold II sobre estas escenas, porque en realidad estaban orgullosos de la brutalidad. Creían que cuanto peor trataban al pueblo congoleño, más duro trabajaban. Con el tiempo, los hombres del rey Leopold lograron esclavizar a toda la población del Congo.

A pesar de que había prometido que el resto del mundo podría visitar el Congo cuando quisiera, el rey Leopold II se puso muy nervioso cuando se enteró de que los comerciantes árabes vendrían a recoger algo de caucho para ellos. No quería perder su monopolio sobre la industria, por lo que declaró que tenían que ir a la guerra con estos llamados "traficantes de esclavos árabes" para "liberar" a su pueblo congoleño. Esto desencadenó la Guerra Congo-Árabe durante dos años.

En 1895, un comerciante inglés llamado Charles Stokes tenía la misión de que los alemanes viajaran al Congo para comprar caucho. Fue colgado por *The Force Republique* sin recibir juicio. Alemania y Gran Bretaña estaban indignados de que lo mataran sin haber cometido ningún delito, y Leopold se vio obligado a pagar multas sustanciales a ambos gobiernos por violar el tratado, y el incidente se llamó *The Stokes Affair*. Sin embargo, pagar esta multa fue solo una gota en el agua. El rey Leopold II obtuvo una ganancia de 220 millones de francos, lo que hoy valdría más de mil millones de dólares.

. . .

Leopold II contrató a un equipo de escritores de propaganda para publicar libros y artículos sobre el gran trabajo que estaba haciendo. Ninguno de estos escritores había viajado nunca al Estado Libre del Congo, pero estaban felices de glorificar la misión cristiana de su rey. Sin embargo, periodistas de Gran Bretaña y Estados Unidos estaban comenzando a viajar al Estado Libre del Congo e informar lo que veían.

En el año 1890, un veterano de la Guerra Civil estadounidense llamado George Washington Williams visitó el Estado Libre del Congo y quedó horrorizado. Escribió una carta abierta al rey Leopold II, relatando los horrores que presenció durante su visita al país. El Rey nunca respondió.

Un hombre llamado Edmund Dene Morel trabajaba como empleado en una empresa naviera en Liverpool, Inglaterra. Los barcos belgas iban y venían entregando caucho a Liverpool desde el Congo. Morel sabía que Bélgica no podría producir un volumen tan alto de caucho, a menos que utilizaran mano de obra esclava.

Comenzó a investigar, y cuando descubrió los horrores sobre lo que realmente estaba sucediendo, escribió varios artículos anónimos para un periódico británico llamado *The Speaker*, exponiendo la verdad sobre lo que vio.

Escribió que este era "*el crimen más grande que se haya cometido en la historia del mundo*".

En 1901, la compañía naviera le ofreció a Morel un trabajo para administrar los envíos de caucho desde y hacia el Congo. Estaban dispuestos a pagarle un salario enorme a cambio de su silencio. Lo rechazó y, en cambio, se convirtió en periodista a tiempo completo. Se apasionó tanto por la causa que comenzó a publicar su propio periódico llamado *The West African Mail* con cualquier información nueva que encontrara. En 1906, publicó un libro llamado Red Rubber.

Otro periodista llamado Roger Casement fue enviado a entrevistar a personas del Congo para obtener sus testimonios sobre los abusos contra los derechos humanos en el país. Se dio cuenta de que era crucial convencer a los misioneros cristianos blancos de que presentaran sus historias, porque habían estado allí desde el principio y podían demostrar que el rey Leopold II estaba al tanto de las atrocidades.

Después de que se publicó el informe de Roger Casement, el rey Leopold II supo que, si no respondía con su propia pregunta, este sería su fin. Envió su propia Comisión Internacional al Congo, con la esperanza de poder sobornarlos. Pensó que podría pagarles por publicar lo que quisiera que dijeran. Esto fue totalmente contraproducente.

Un misionero cristiano llamado John Harris había estado viviendo en el Estado Libre del Congo durante años. Él y su esposa dedicaron sus vidas a ayudar al pueblo congoleño. Cuando apareció la Comisión Internacional del Rey Leopold, John Harris estaba listo para recibirlo. Reunió a un grupo de congoleños que testificaron sobre la muerte, tortura, mutilación, violación y esclavitud que sufrieron a manos de los hombres del rey Leopold. Su esposa, Alice Harris, era fotógrafa y pudo presentarles evidencia fotográfica de los horrores que habían visto.

Cuando la Comisión Internacional regresó a Bélgica, publicaron un informe de 50 páginas sobre todos los abusos de derechos humanos que habían encontrado en el Congo y se lo enviaron al rey Leopold II.

Una vez que se dio cuenta de que ya no podía salirse con la suya con sus mentiras, Leopold ordenó que se quemaran todos los registros del Estado Libre del Congo, para que no hubiera evidencia de sus crímenes. En 1908, el Congo se convirtió en colonia belga, pero no se lo arrebataron al rey. En cambio, le pagaron 50 millones de francos por la compra. Murió solo un año después, en 1909.

Una vez que el gobierno belga visitó el Congo, encontraron recursos mucho más rentables que el caucho. Había diamantes, oro y marfil que podían venderse para obtener enormes beneficios. El gobierno puso fin a la esclavitud y, en cambio, empleó al pueblo congoleño para que trabajara por un paupérrimo salario.

Muy poco después, Bélgica se volvió extremadamente rica. La ciudad de Bruselas ahora tiene algunas de las arquitecturas más impresionantes del mundo, con estatuas doradas del rey Leopold II, todo por el dinero que trajo del Congo.

Pero el gobierno belga tuvo que tomar una decisión: ¿Qué le dirían al público? Leopold II le había mentido a su gente durante tanto tiempo, y ellos lo miraban como una figura paterna que trajo gloria al país. No solo los ciudadanos se sentirían decepcionados, sino que también haría que Bélgica pareciera terrible para el mundo exterior.

. . .

Su nación todavía tenía menos de 100 años en ese momento. Inglaterra y Estados Unidos ya habían prohibido la esclavitud en el siglo XIX, por lo que, en su corta historia, su rey ya había logrado dar pasos hacia atrás en el progreso humanitario.

El gobierno belga optó por permitir que su pueblo siguiera creyendo la mentira que el rey Leopold II se había construido. Les enseñaron a sus hijos que nunca hubo esclavitud en el Estado Libre del Congo y que todo lo que hizo el rey Leopold II fue maravilloso. Esta mentira se volvió a contar generación tras generación, hasta el punto en que se convirtió en su nueva verdad y parte de su identidad cultural.

Antes de su muerte, en 1897, Leopold II creó un zoológico humano en su finca de verano.

Construyó una aldea africana modelo y capturó a 267 personas congoleñas para que vivieran allí. Los belgas se acercaron para mirarlos boquiabiertos, arrojando cacahuetes y plátanos por encima de la cerca, como si fueran monos.

. . .

Los congoleños se vieron obligados a permanecer al aire libre en estos pueblos en todo tipo de clima. Siete de esas personas murieron de influenza y neumonía. Después de su muerte, la propiedad del rey se convirtió en el Museo Real de África Central, y continuó glorificando los logros de Leopold II en la colonización. Décadas después de su muerte, en 1958, el gobierno de Bélgica incluso llegó a replicar su zoológico humano en la Feria Mundial de Bruselas, poniendo a los congoleños en exhibición como animales una vez más.

Casi todas las naciones occidentales tienen alguna historia de esclavitud y genocidio, pero en la mayoría de las clases belgas, nunca escucharán la verdad sobre el rey Leopold II. Dirán que la esclavitud nunca sucedió en el Congo.

Dado que los registros fueron destruidos, nunca sabremos cuántas personas fue responsable de matar Leopold.

Algunos estiman que son aproximadamente 4 millones, mientras que otros creen que llega a los 10 millones. En algún lugar entre el 70 y el 90% de la población total fue aniquilada.

. . .

En la era de Internet, a Bélgica le resulta mucho más difícil ignorar la realidad de lo que sucedió. En 2018, los curadores del Museo Real de África Central finalmente decidieron cambiar las exhibiciones para honrar las vidas perdidas por los nativos congoleños. Sin embargo, los congoleños que visitaron la exhibición dijeron que todavía no es suficiente, y que mientras la historia se cuente desde la perspectiva de una persona belga blanca, el país nunca mostrará la verdad completa sobre los monstruosos actos del rey Leopold II.

10

Mao Zedong

Mao Zedong (también llamado Tse-tung) fue el principal teórico, soldado y estadista marxista chino que dirigió la Revolución Cultural de su nación. Se desempeñó como presidente de la República Popular China de 1949 a 1959 y dirigió el Partido Comunista Chino desde 1935 hasta su muerte.

El "Gran Salto Adelante" de Mao y la Revolución Cultural fueron mal concebidos y tuvieron consecuencias desastrosas, pero muchos de sus objetivos, incluido el énfasis en la autosuficiencia de China, fueron en general loables.

. . .

A finales del siglo XIX, China era un caparazón de su pasado glorioso, liderado por la decrépita dinastía Qing. Mao Zedong nació el 26 de diciembre de 1893 en la comunidad agrícola de Shaoshan, en la provincia de Hunan, China, en el seno de una familia campesina que había cultivado sus tres acres de tierra durante varias generaciones.

La vida era difícil para muchos ciudadanos chinos en ese momento, pero la familia de Mao estaba mejor que la mayoría. Su padre autoritario, Mao Zedong, era un próspero comerciante de cereales, y su madre, Wen Qimei, era una madre cariñosa.

Si bien Mao asistió a una pequeña escuela en su aldea cuando tenía ocho años, recibió poca educación. A los 13 años, estaba trabajando a tiempo completo en el campo, cada vez más inquieto y ambicioso.

A la edad de 14 años, el padre de Mao Zedong arregló un matrimonio para él, pero nunca lo aceptó. Cuando cumplió 17 años, se fue de casa para matricularse en una escuela secundaria en Changsha, la capital de la provincia de Hunan. En 1911, comenzó la Revolución Xinhua contra la monarquía, y Mao se unió al Ejército

Revolucionario y al Kuomintang, el Partido Nacionalista.

Dirigido por el estadista chino Sun Yat-sen, el Kuomintang derrocó a la monarquía en 1912 y fundó la República de China. Estimulado por la promesa de un nuevo futuro para China y él mismo, Mao se deleitó con el cambio político y cultural que azotaba al país.

En 1918, Mao Zedong se graduó de la Primera Escuela Normal de Hunan y se convirtió en maestro certificado. Ese mismo año murió su madre y él no tenía deseos de regresar a casa. Viajó a Beijing, pero no pudo encontrar trabajo. Finalmente encontró un puesto como asistente de bibliotecario en la Universidad de Beijing y asistió a algunas clases.

Aproximadamente en este momento, se enteró de la exitosa Revolución Rusa, que estableció la Unión Soviética comunista. En 1921, se convirtió en uno de los primeros miembros del Partido Comunista de China.

En 1923, el líder chino Sun Yat-sen inició una política de cooperación activa con los comunistas chinos, que habían crecido en fuerza y número. Mao Zedong había apoyado tanto al Kuomintang como al Partido Comunista, pero durante los años siguientes adoptó las ideas leninistas y creía que apelar a los campesinos agrícolas era la clave para establecer el comunismo en Asia.

Ascendió en las filas del partido como asambleísta delegado y luego ejecutivo en la rama del partido en Shanghai.

En marzo de 1925, murió el presidente chino Sun Yat-sen, y su sucesor, Chiang Kai-shek, se convirtió en presidente del Kuomintang. A diferencia de Sun Yat-sen, Chiang era más conservador y tradicional. En abril de 1927, rompió la alianza y comenzó una violenta purga de los comunistas, encarcelando o matando a muchos.

Ese septiembre, Mao Zedong dirigió un ejército de campesinos contra el Kuomintang, pero fue derrotado fácilmente. Los restos del ejército huyeron a la provincia de Jiangxi, donde se reorganizaron. Mao ayudó a establecer la República Soviética de China en la zona montañosa de Jiangxi y fue elegido presidente de la pequeña república. Desarrolló un pequeño pero fuerte ejército de guerrilleros y dirigió la tortura y ejecución de cualquier disidente que desafiara la ley del partido.

. . .

Para 1934, había más de 10 regiones bajo el control de los comunistas en la provincia de Jiangxi. Chiang Kai-shek se estaba poniendo nervioso por su éxito y su número cada vez mayor.

Las pequeñas redadas y los ataques a los baluartes comunistas periféricos no los habían desanimado. Chiang razonó que era hora de realizar un barrido masivo de la región para eliminar la influencia comunista.

En octubre de 1934, Chiang acumuló casi un millón de fuerzas gubernamentales y rodeó el bastión comunista. Mao fue alertado del inminente ataque. Después de una intensa discusión con otros líderes, que querían llevar a cabo una posición final contra las fuerzas gubernamentales, los convenció de que la retirada era la mejor táctica.

Durante los siguientes 12 meses, más de 100.000 comunistas y sus dependientes viajaron hacia el oeste y el norte en lo que se conoció como la "Gran Marcha" a través de las montañas y pantanos chinos hasta Yanan, en el norte de China. Se estimó que solo 30.000 de los 100.000 originales sobrevivieron al viaje de 8.000 millas. Cuando se corrió la voz de que los comunistas habían escapado del exterminio del Kuomintang, muchos jóvenes emigraron a

Yanan. Aquí Mao empleó sus talentos de oratoria e inspiró a voluntarios a unirse fielmente a su causa cuando emergió como el principal líder comunista.

En julio de 1937, el ejército imperial japonés invadió China, lo que obligó a Chiang Kai-shek a huir de la capital en Nanking. Las fuerzas de Chiang pronto perdieron el control de las regiones costeras y la mayoría de las principales ciudades. Incapaz de librar una guerra en dos frentes, Chiang se acercó a los comunistas en busca de una tregua y apoyo. Durante este tiempo, Mao se estableció como líder militar y, con la ayuda de las fuerzas aliadas, ayudó a luchar contra los japoneses.

Con la derrota japonesa en 1945, Mao Zedong pudo poner su mirada en controlar toda China. Se hicieron esfuerzos, en particular por Estados Unidos, para establecer un gobierno de coalición, pero China se deslizó hacia una sangrienta guerra civil. El 1 de octubre de 1949, en la Plaza de Tiananmen, Beijing, Mao anunció el establecimiento de la República Popular China. Chiang Kai-shek y sus seguidores huyeron a la isla de Taiwán, donde formaron la República de China.

. . .

Durante los años siguientes, Mao Zedong instituyó una reforma agraria radical, a veces mediante la persuasión y otras mediante la coacción, utilizando la violencia y el terror cuando lo consideró necesario. Se apoderó de las tierras de los señores de la guerra y las convirtió en comunas populares.

Instituyó algunos cambios positivos en China, incluida la promoción de la condición de la mujer, la duplicación de la población escolar y la mejora de la alfabetización, así como el aumento del acceso a la atención médica, lo que aumentó drásticamente la esperanza de vida. Pero las reformas y el apoyo de Mao tuvieron menos éxito en las ciudades y él sintió el descontento.

En 1956, lanzó la "Campaña de las Cien Flores" y, de manera democrática, permitió que otros expresaran sus preocupaciones. Mao esperaba una amplia gama de ideas útiles, esperando solo críticas leves a sus políticas. En cambio, recibió una dura reprimenda y fue sacudido por el intenso rechazo de la intelectualidad urbana. Temiendo perder el control, aplastó despiadadamente cualquier otra disidencia. Cientos de miles de chinos fueron etiquetados como "derechistas" y miles fueron encarcelados.

. . .

En enero de 1958, Mao Zedong lanzó el "Gran Salto Adelante", intentando aumentar la producción agrícola e industrial. El programa estableció grandes comunas agrícolas con hasta 75.000 personas trabajando en los campos. Cada familia recibió una parte de las ganancias y una pequeña parcela de tierra.

Mao había establecido expectativas idealistas, algunos dirían improbables, tanto para la agricultura como para la producción industrial, creyendo que el país podría hacer un siglo de avance en unas pocas décadas.

Al principio, los informes eran prometedores, con relatos de avances abrumadores. Sin embargo, tres años de inundaciones y malas cosechas contaron una historia diferente. La producción agrícola no se acercó a las expectativas y los informes de producción masiva de acero resultaron ser falsos. Al cabo de un año, se produjo una terrible hambruna y aldeas enteras murieron de hambre. En la peor hambruna provocada por el hombre en la historia de la humanidad, se estima que 40 millones de personas murieron de hambre entre 1959 y 1961.

Se hizo evidente que Mao sabía cómo organizar una revolución, pero era totalmente inepto para dirigir un país. La escala del desastre se ocultó a la nación y al mundo. Solo los líderes de alto nivel del Partido Comunista lo sabían, y el círculo íntimo protector de Mao le ocultó muchos de los detalles de la hambruna.

Como resultado del fracaso del Gran Salto Adelante, en 1962 Mao Zedong fue silenciosamente dejado al margen y sus rivales tomaron el control del país.

Por primera vez en 25 años, Mao no era una figura central en el liderazgo. Mientras esperaba que llegara su momento, un ferviente partidario, Lin Biao, compiló algunos de los escritos de Mao en un manual titulado Citas del presidente Mao. Conocido como el "Pequeño Libro Rojo", se pusieron a disposición de todos los chinos.

En 1966, Mao Zedong hizo su regreso político y lanzó la Revolución Cultural. Apareciendo en una reunión en el río Yangtze en mayo, Mao, de 73 años, nadó durante varios minutos en el río, luciendo en forma y enérgico. El mensaje a sus rivales era: "¡Miren, he vuelto!".

Más tarde, él y sus ayudantes más cercanos coreografiaron una serie de manifestaciones públicas en las que participaron miles de jóvenes simpatizantes. Calculó correctamente que los jóvenes no recordarían mucho sobre el fracaso del Gran Salto Adelante y la subsiguiente hambruna.

En un método autocrático clásico para hacerse con el control, Mao Zedong fabricó una crisis que solo él podía resolver. Mao les dijo a sus seguidores que los elementos burgueses en China tenían como objetivo restaurar el capitalismo y declaró que estos elementos debían ser eliminados de la sociedad.

Sus jóvenes seguidores formaron la Guardia Roja y lideraron una purga masiva de los "indeseables".

Pronto Mao volvió a estar al mando. Para evitar que se repitiera el rechazo que recibió durante la Campaña de las Cien Flores, Mao ordenó el cierre de las escuelas de China, y los jóvenes intelectuales que vivían en las ciudades fueron enviados al campo para ser "reeducados" mediante un duro trabajo manual.

La Revolución destruyó gran parte del patrimonio cultural tradicional de China y creó un caos económico y social general en el país. Fue durante este tiempo que el culto a la personalidad de Mao creció hasta alcanzar proporciones inmensas.

. . .

En 1972, para solidificar aún más su lugar en la historia de China, Mao Zedong se reunió con el presidente de Estados Unidos, Richard Nixon, un gesto que alivió las tensiones entre los dos países y elevó la prominencia de China como actor mundial. Durante las reuniones, se hizo evidente que la salud de Mao se estaba deteriorando y no se logró mucho porque Mao no siempre fue claro en sus declaraciones o intenciones.

Mao Zedong murió por complicaciones de la enfermedad de Parkinson el 9 de septiembre de 1976, a la edad de 82 años, en Beijing, China. Dejó un legado controvertido tanto en China como en Occidente como un monstruo genocida y un genio político. Oficialmente, en China, se le tiene en alta estima como un gran estratega político y cerebro militar, el salvador de la nación.

Sin embargo, sus sucesores han rechazado en gran medida los esfuerzos de Mao para cerrar China al intercambio y el comercio de mercado y erradicar la cultura tradicional china. Si bien su énfasis en la autosuficiencia de China y la rápida industrialización que promovió se le atribuye el mérito de sentar las bases para el desarrollo de China a fines del siglo XX, sus métodos duros e insensibilidad hacia cualquiera que no le dio plena fe y lealtad han sido ampliamente reprendidos como contraproducente.

Conclusión

Seguramente, después de leer estas historias de vida, tienes un nudo en la garganta, y muchos cuestionamientos por resolver. Si bien hemos visto que la mayoría de estos personajes sufrieron abusos crueles y dolorosos en su infancia, perpetrados principalmente por aquellos que debían cuidar de ellos, es imposible no preguntarnos qué hubiese sido necesario para que sus ideas personales no escalaran a eventos tan crueles.

Así pues, más allá de los perpetradores, nuestro deber humano es dar a conocer estas historias, no olvidarlas y escuchar la voz de los descendientes de las víctimas y de los pueblos sometidos, pues solo así podríamos comenzar a reparar un poco del daño que cada uno de estos hombres le hicieron a la humanidad.

Conclusión

Y también, es importante cuestionarnos cuáles son las causas políticas por las que tanta gente estuvo (y aún está) de acuerdo con los terribles actos cometidos durante esos años, entender las diversas perspectivas, el miedo, la desesperanza que alimentan estas convicciones; pues entendiéndolo podremos abrir caminos al diálogo.

Sin duda estos eventos históricos y las vidas de sus perpetradores nos dejan con un mal sabor de boca, continúo invitándote a que, si te interesa, investigues más sobre cada una de las historias aquí presentadas. Hay un mundo de información allá afuera, libros, documentales, videos y más, de los que podrás conocer a fondo los detalles. ¡Mucho ánimo!

Referencias

Lallanilla, M. 2021. "Vlad the Impaler: the real Dracula" en *Live Science*. Recuperado de https://www.livescience.com/40843-real-dracula-vlad-the-impaler.html#section-where-does-the-name-dracula-come-from

Dinning, R. 2021. "Your guide to Adolf Hitler: key facts about the Nazi dictator" en *History Extra*. Recuperado de https://www.historyextra.com/period/second-world-war/adolf-hitler-fuhrer-facts-guide-rise-nazi-dictator-biography-pictures/

S.D. "Adolf Hitler: man and monster" en *BBC*. Recuperado de https://www.bbc.co.uk/teach/adolf-hitler-man-and-monster/zbrx8xs

S.D. "Joseph Stalin" en *Sparknotes*. Recuperado de https://www.sparknotes.com/biography/stalin/section1/

N.A. 2021. "Joseph Stalin" en *History*. Recuperado de https://www.history.com/topics/russia/joseph-stalin

Referencias

Mydans, S. 1998. "DEATH OF POL POT; Pol Pot, Brutal Dictator Who Forced Cambodians to Killing Fields, Dies at 73" en *New York Times*. Recuperado de https://www.nytimes.com/1998/04/17/world/death-pol-pot-pol-pot-brutal-dictator-who-force-cambodians-killing-fields-dies.html

N.A. 2018. "Pol Pot" en *History*. Recuperado de https://www.history.com/topics/cold-war/pol-pot

S.D. "Heinrich Himmler" en *Jewish Virtual Library*. Recuperado de https://www.jewishvirtuallibrary.org/heinrich-himmler

N.A. 2020. "An Architect of Terror: Heinrich Himmler and the Holocaust" en *WWII Museum*. Recuperado de https://www.nationalww2museum.org/war/articles/heinrich-himmler-holocaust

MacFarquhar, N. 2006. "Saddam Hussein, Defiant Dictator Who Ruled Iraq With Violence and Fear, Dies" en *New York Times*. Recuperado de https://www.nytimes.com/2006/12/30/world/middleeast/30saddam.html

S.D. "Saddam Hussein" en *Biography*. Recuperado de https://www.biography.com/dictator/saddam-hussein

Boddy-Evans, A. 2019. "Biography of Idi Amin, Brutal Dictator of Uganda" en *Thought CO*. Recuperado de https://www.thoughtco.com/biography-idi-amin-dada-43590

Prahl, A. 2019. "Biography of Ivan the Terrible, First Tsar of Russia" en *Thought CO*. Recuperado de https://www.thoughtco.com/ivan-the-terrible-4768005

La información contenida en este documento se ofrece únicamente con fines informativos, y es universal como tal. La presentación de la información se realiza sin contrato y sin ningún tipo de garantía endosada.

El uso de marcas comerciales en este documento carece de consentimiento, y la publicación de la marca comercial no tiene ni el permiso ni el respaldo del propietario de la misma.

Todas las marcas comerciales dentro de este libro se usan solo para fines de aclaración y pertenecen a sus propietarios, quienes no están relacionados con este documento.

Índice

Introducción	vii
1. Clarita Villanueva, la posesión vampírica	1
2. Priscilla Johnson. Terror en la América colonial	9
3. Julia, la sacerdotisa de Satanás	21
4. Michael Taylor. Del exorcismo al asesinato	29
5. Posesión masiva en la escuela Elsa Perea Flore	39
6. David: el hombre bestia y el niño	45
7. Cheyenne: el hombre bestia y el chico bueno	51
8. Clara Germana Cele, la chica serpiente	57
9. Los demonios de Arkansas. La historia de Amy Stamatis	65
10. Los siete muertos en Panamá	73
11. El padre italiano que enfrenta a los demonios	77
12. La familia poseída en Indiana	83
13. El padre que se enfrentó a Lucifer	103
14. Posesión animal	111
15. El sastre poseído	115
16. Un cruel exorcismo	123
17. María Pizarro, de poseída a santa	137
18. El hotel Driskill y la pintura poseída	147
Conclusión	153
Referencias	155

Introducción

Todos nos hemos llegado a preguntar si existe el cielo y el infierno, si hay un Dios y si existen los demonios. Algunas personas están seguras de su existencia, mientras que otras lo dudan y lo justifican con hechos científicos. Estas preguntas son típicas de la raza humana y se han realizado desde los albores de nuestra existencia. Por lo general, la religión casi siempre se confronta con la filosofía o con la ciencia para explicar los hechos más extraños que los humanos han llegado a presenciar.

Si algo ha acompañado la creencia en seres divinos, es la creencia en seres malignos.

Desde que comenzaron las grandes religiones cristianas, se le pudo asignar un nombre a los extraños y terribles acontecimientos que padecían algunas personas, llamándolos influencias demoniacas. Entre estos malestares está la posesión demoniaca y su contraparte que sirve de solución, el exorcismo.

A lo largo de toda la historia humana hay registros de exorcismos y de posesiones demoniacas. Las referencias más antiguas datan desde la época de los sumerios e incluso en los griegos tenían muchas supersticiones sobre las posesiones demoniacas. También, gracias a la presencia espiritual y demoniaca, los chamanes han existido desde hace muchos siglos.

Debido a que, como lo tenemos pensado hoy en día, es algo relacionado con la religión católica, en el Nuevo Testamento se pueden encontrar muchas referencias a posesiones demoniacas y exorcismos. Existen grabados y pinturas antiguas que representan estos terribles acontecimientos e historias. Por supuesto, entre sus grandes víctimas se encuentran las llamadas brujas, que se decía que estaban poseídas y hacían tratos con el demonio.

No obstante, la religión cristiana no es la única que tiene demonios y seres malignos en sus registros. Se pueden encontrar demonios y posesiones demoniacas el a la cultura islámica, en la cultura hebrea e incluso en la cultura japonesa.

Introducción

Así pues, cada cultura tiene sus propios lineamientos para diagnosticar y tratar las posesiones demoniacas, por lo que no siempre es fácil identificarlos con los mismos estándares.

El arzobispo Andrés Tirado Pérez, quien ha sido un exorcista por más de 15 años ha explicado para los medios de comunicación las formas en las que una persona puede ser poseída por un ser maligno. Una posibilidad es encontrarse en un lugar en el que haya una presencia demoniaca que pueda contaminar a la persona, ya sea en lugares en los que han ocurrido muchas muertes violentas, donde han sido realizados actos de brujería, sesiones espiritistas o ritos satánicos. Otra forma es que la persona acuda a brujos o hechiceros para realizar ceremonias negativas o, por el contrario, ser el objetivo de uno de estos hechizos. Otro método, el cual se puede considerar el más espeluznante, es la invocación de un demonio para realizar un pacto satánico.

Si bien las películas han representado señales bastante grotescas de una posesión, son totalmente posibles, aunque no necesariamente las más comunes. En casos graves, las personas pueden presentar una elasticidad supernatural, capacidades telequinéticas y hablaré con voces distintas o en idiomas diferentes.

Por lo general, los síntomas que se suelen manifestar con mayor frecuencia son las convulsiones, un estado de histeria, pérdida de memoria, y una fuerza sobrenatural, aunque la persona tenga una complexión debilitada. Algunas víctimas pueden llegar a levitar.

Debido a que algunos de los síntomas son similares a enfermedades mentales, los sacerdotes experimentados trabajan a la par con psiquiatras y psicólogos para determinar la verdadera causa de las conductas extrañas de una persona. Una vez diagnosticada la posesión demoniaca, el sacerdote procede a realizar el exorcismo. Lo más frecuente es que el exorcismo requiere varias sesiones que pueden llegar a durar en días, meses o incluso años.

Entre más tiempo tarde, es más difícil de exorcizar a la persona.

El último grado de posesión y el más complicado de curar por la resistencia de la misma persona es la fusión o integración. En estos casos, la persona quiere estar con el demonio, ya sea por influencia o por deseo propio. La persona llega a adaptarse a su estado poseído e incluso pueden mantener una relación con el espíritu. Si el alma de la persona no llega a integrarse, todavía puede ser capaz de salvarse del infierno, según explica el arzobispo.

Introducción

Los rituales de exorcismo pueden llegar a ser bastante violentos. Se puede requerir restringir los movimientos de la persona y eso puede causar lesiones graves e incluso la muerte, en especial para las personas que no pueden controlar su fuerza y sus movimientos. Uno de estos casos fue en el 2005, cuando una monja de Rumania murió sofocada y deshidratada durante un exorcismo ortodoxo. En el 2007, un joven de 22 años se ahogó durante un exorcismo maorí en Nueva Zelanda.

Después de un exorcismo, la persona liberada debe continuar con una vida espiritual consagrada a la oración y debe esforzarse por ser un mejor ser humano y así evitar que vuelvan los malos espíritus y las tentaciones.

Un psiquiatra estadounidense, el Dr. Richard Gallagher, como muchos otros, trabaja con los sacerdotes católicos para ayudarles a diferenciar las enfermedades mentales de los realmente poseídos. Para ser capaz de diagnosticar cualquiera de los casos, según dice, se debe tener una mente abierta, respeto por la evidencia y compasión por las personas que están sufriendo. Eso es lo que permite realmente distinguir entre una situación y otra, siempre teniendo como prioridad la salud y el bienestar de la persona afectada.

Así pues, la ciencia y la religión no son opuestos, sino que pueden trabajar en conjunto para discernir las verdaderas aflicciones de las personas. Hoy en día, es mucho más fácil distinguir si una persona padece una enfermedad mental y, en consecuencia, tratarla con el respeto y cuidado que se merece. Sin embargo, es indudable que hay casos que simplemente no se pueden explicar con la ciencia, puesto que se tratan de hechos paranormales.

Por desgracia, hay personas que solamente ven el mal en todas partes y pueden llegar a cometer actos terribles en nombre de Dios y la salvación, cuando en realidad resulta ser una manifestación de su fanatismo religioso. Desafortunadamente, esto también puede llegar a suceder con miembros de la iglesia católica que no son tan precavidos a la hora de diagnosticar posesiones demoniacas.

Por esa razón, según las instrucciones religiosas, todos los exorcistas deben trabajar a la par con médicos experimentados antes de realizar un exorcismo.

Este tema no deja de ser vigente en nuestra época actual en la que tenemos ciencia, medicina, psiquiatría, psicología y religión. Por esta razón, y quizás debido a los muchos acontecimientos violentos de estas últimas décadas, el Vaticano realizó su curso anual de exorcismo en el 2018 con mucha más participación que antes. Esto también se debe a que es posible que aumentara la influencia maligna porque ha disminuido la fe en Dios y ha aumentado el interés en lo oculto y prohibido.

Introducción

A pesar del entrenamiento, los sacerdotes no pueden realizar un exorcismo sólo porque sí. Se debe contar con entrenamiento y el permiso de un obispo para realizar el rito sagrado. El hecho se debe manejar con discreción para evitar el sensacionalismo y asustar a la población. Se suele realizar durante el día, en los terrenos de la iglesia y con los familiares de las víctimas presentes.

Aunque pueda parecer anticlimático y poco emocionante para algunos, el ritual no suele ser demasiado llamativo, ya que consta, en su mayoría, de oraciones y de la fe de las personas.

Muchas de las asociaciones de salud no consideran que la posesión demoniaca sea un hecho verídico, sino que se trata de una manifestación de un trastorno disociativo en el que la persona quiere estar poseída por una divinidad o un demonio y que actúa bajo su control. Conforme han pasado los años y han aumentado los estudios científicos, cada vez se puede diferenciar con mayor precisión una enfermedad mental de una posesión demoniaca, como ya lo han atestiguado sacerdotes y psiquiatras.

A pesar de que las posesiones y los exorcismos han existido por cientos de años, el tema se volvió popular en nuestra época gracias a la película de *El exorcista*, así como también la película *El exorcismo de Emily Rose*, ambas basadas en hechos reales.

En estas películas, los cuerpos de los poseídos llegan a levitar tienen otros tantos síntomas violentos y grotescos que, como ya hemos dicho, no es lo más común.

Si bien puede llegar a suceder, las películas más bien dramatizan la práctica religiosa hasta el punto de hacerla aparecer ridícula y poco creíble. En realidad, la influencia demoniaca se presenta en formas más sencillas y difíciles de detectar, es decir, con la tentación. Las posesiones y exorcismos mayores son hechos muy raros.

En la mayoría de los casos, las personas no están poseídas, sino oprimidas o influenciadas por el demonio. Esto es algo ordinario que se puede presentar en el día a día, por lo que la iglesia católica se enfrenta a esto con prácticas religiosas normales como son las oraciones, las bendiciones y los sacramentos.

Varios sacerdotes de la actualidad se dedican a enseñar sobre el balance, para que las personas puedan saber que existen los demonios y así también se pueda proteger de ellos, sin dejarse influenciar por la versión exagerada de las películas y la ficción. Para muchos religiosos, la prioridad del mundo actual debería ser concentrarse en acabar con las manipulaciones demoniacas más mundanas como las adicciones y la violencia que azotan nuestros tiempos.

Introducción

Por una parte, están las personas que se obsesionan con lo oscuro y terminan en prácticas de brujería y hechicería negra. Por otra parte, están las personas que se dejan llevar por la versión moderna de algo que existe, pero que ha sido exagerado hasta ser algo que llega a ser más ficción que realidad.

Después de esta introducción que explica qué es una posesión demoniaca sus síntomas, señales y manifestaciones, así como también de qué trata un exorcismo con una perspectiva realista y objetiva, ahora ya podemos comenzará a narrar las historias reales de posesiones demoniacas que han ocurrido a lo largo de la historia en occidente.

Algunas de estas historias pueden ser ya conocidas por el lector si es un curioso de estos hechos, puesto que son hechos reales y se han reportado en periódicos y noticias de todo el mundo. No obstante, aquí presentamos una colección de varias historias reales de posesiones que han ocurrido en diferentes lugares y épocas.

Desde una posesión espiritual inofensiva en un cuadro y la posesión demoniaca de animales, hasta crímenes horribles realizados en el nombre del demonio, presentamos a continuación una serie de narraciones que pueden no ser aptas para personas sensibles y fáciles de impresionar.

En muchos casos, las víctimas lograron salvarse debido a la intervención oportuna de sacerdotes, familiares, policías y médicos. Por desgracia, también hay casos en los que las víctimas han muerto debido a la intensidad de la posesión o más bien fueron las víctimas inocentes que cayeron en manos de personas poseídas.

Adelante, lector, atrévete a leer estas páginas y a permanecer incrédulo, sino que es que ya crees en las posesiones.

1

Clarita Villanueva, la posesión vampírica

Clarita Villanueva era una joven adolescente, atractiva y de talla pequeña, que vivió una vida difícil en las Filipinas durante mediados de los años cincuenta. Ella no era ajena a lo paranormal, ya que creció en un lugar en el que su madre llevaba a cabo sesiones espiritistas y predecía el futuro como forma de ganarse la vida. Sin embargo, cuando Clarita quedó frente a frente con lo demoníaco, ella estaba indefensa como cualquier otra persona.

Cuando su madre murió, Clarita quedó sola en el mundo y tuvo que valerse por sí misma desde los 12 años de edad. Ella comenzó como vagabunda, pero rápidamente cayó en el terrible mundo de la prostitución, ya que no tenía muchas opciones.

Se volvió hábil en su profesión y se concentró en la ciudad capital de Manila para tener mayores ganancias. No era la única joven desamparada, por lo que tenía que esforzarse para ganar lo necesario para sobrevivir.

Una noche oscura de 1953, cuando Clarita tenía 18 años, la policía de Manila la arrestó por los cargos de prostitución y vagancia. Fue en ese momento cuando la encerraron en la prisión de Bilibid y las autoridades descubrieron que había algo bastante extraño y perturbador con esta joven mujer.

Clarita dijo que había sido atacada repetidamente por dos criaturas durante un periodo de nueve días mientras estaba en la prisión. Los oficiales atribuyeron estos reclamos a una enfermedad mental y no le pusieron mucha atención hasta que comenzaron a aparecer marcas de mordidas en su cuerpo, principalmente en el cuello, por lo que se ganó el apodo de "chica vampiro".

Muy pronto, Clarita se encontraba en la oficina del alcaide acompañada por el médico a cargo y otros tantos testigos de varias profesiones. Aun frente a todos esos testigos, fue víctima de un ataque misterioso.

· · ·

Comenzó a retorcerse, reír y gritar como si sintiera mucho dolor; los testigos observaron cómo aparecían las marcas de mordidas donde antes no había ninguna marca. Dijeron que las marcas de mordidas aparecían bajo la palma de la mano de una persona cuando sostenía su brazo, y entonces la marca se hacía visible cuando se retiraba la mano. Como si se tratara de moretones, pero en forma de mordidas.

En cierto punto, las personas presentes vieron que Clarita hizo un movimiento como de jalarle el cabello a algo o a alguien que no se podía ver y luego descubrieron que ella tenía mechones de pelo negro, grueso y lacio en su puño apretado. El cabello coincidía con el de las descripciones de sus agresores.

Clarita previamente al ataque, en otra ocasión, había descrito a uno de sus atacantes como un hombre alto, cubierto de cabello grueso y rizado en su cabeza, pecho y brazos. También tenía dientes anormalmente largos, similares a los de un perro, y sus ojos eran penetrantes, como si pudieran ver dentro de su alma. La otra criatura era muy bajita, como de unos 60 centímetros de alto, estaba vestida con una capucha negra y tenía dientes afilados como de vampiro y ojos abultados.

· · ·

Esos seres tomaban turnos para morderla, según dijo Clarita. El más pequeño se subía sobre su cuerpo para acceder a nuevos lugares donde morder. Ambos preferían las zonas carnosas de su cuerpo donde sería difícil que ella misma se hubiera mordido, señal de que ella misma no se había causado esas lesiones. Aparecían mordidas en la parte superior de su torso, en los brazos y en el cuello.

Las mordidas dejaban cardenales de color morado, descoloridos y, a veces, también dejaban un rastro húmedo.

Conforme siguieron estos horribles ataques, su historia rápidamente llamó la atención de los medios, llegando a ser la portada de muchos periódicos en Filipinas, Estados Unidos y eventualmente en todo el mundo. Los periódicos la representaban con una foto en la que la joven y atractiva mujer de pelo negro mostraba un rostro contorsionado por la angustia y los ojos llenos de desesperación.

Uno sólo puede imaginar el miedo y la impotencia que sentía Clarita, tan joven y sin una familia que pudiera cuidarla.

. . .

Otra foto de los periódicos reflejaba a una joven y hermosa mujer con su boca muy abierta por el dolor, los ojos cerrados con fuerza y, según informaba, en la agonía de una convulsión. Clarita comenzó a entrar en momentos de trance, seguidos de convulsiones que cada vez sucedían con más frecuencia. Durante sus trances, los profesionales médicos, que llegaron a acudir hasta 100 durante sus experiencias, trataron de picar su piel con agujas, pero ella no manifestaba ni una reacción. Parecía como si su cuerpo estuviera presente, pero Clarita no.

Algunos expertos médicos, como es de esperarse, insistían que sus experiencias no eran nada más que manifestaciones de histeria mental. Incluso insistían que las marcas de mordidas eran decoloraciones en la piel causadas por su mente, aunque no podían proporcionar una explicación sobre cómo podía su mente causar esas marcas.

Otras personas que fueron testigos de los mismos incidentes no estaban de acuerdo con los profesionales médicos, afirmando que algo invisible para todos, excepto para Clarita, la estaba atacando y todos estaban indefensos a la hora de protegerla. También señalaban la humedad similar a la saliva que aparecía alrededor de las marcas de mordidas como otra prueba para refutar esa dudosa teoría.

Entre los testigos también había un escéptico que acusaba a Clarita de montar todo un espectáculo para atraer la atención. Este hombre fue maldecido por Clarita. De acuerdo con los presentes, sus ojos anormalmente grandes y expresivos se estrecharon y adoptaron una apariencia similar a los ojos de una serpiente mientras ella sencillamente decía al escéptico: "vas a morir". Aunque no se puede comprobar si en efecto lo maldijo, el hombre murió al día siguiente.

Él no fue la única víctima de las supuestas maldiciones de Clarita. Uno de los carceleros principales había pateado agresivamente a Clarita por algún supuesto mal comportamiento. En respuesta, los testigos dicen que ella se volteó hacia el guardia y murmuró las mismas palabras.

Cuatro días después, el carcelero murió.

El miedo invadió a muchas personas en Manila porque llegaron a creer que Clarita no era solamente una víctima de posesión demoniaca, sino que era una poderosa bruja.

El hecho de que su madre fuera una adivina tampoco ayudaba a su caso.

Aunque muchos países de todo el mundo ofrecían ideas para curas y tratamientos, parecía que ninguna nación cristiana tenía la valentía para responder. Después de semanas de tormentos, la ayuda llegó a la torturada Clarita en la forma de un ministro americano, Lester Sumrall, quien ayudaba a construir algunas iglesias locales en Filipinas. Lester Sumrall sintió que Dios lo había llevado a ayudar a la joven y valientemente se acercó al alcalde y su equipo para pedirle permiso para visitar a Clarita, diciendo que ella padecía de un caso de posesión demoniaca.

Sumrall era un ministro protestante, por lo que no realizó un exorcismo católico romano, aunque sí fue un exorcismo de todas maneras. Conforme empezó a enfrentarse a los demonios en el nombre de Jesucristo, ellos comenzaron a hablar por medio de Clarita en dos voces distintas que correspondían a los dos demonios que Clarita decía haber visto. Después de unos días, Sumrall estaba seguro de que Clarita ya era libre de los poderes malignos hasta que volvieron una vez más y Sumrall se enfrentó a ellos otra vez en el nombre de Jesús. Finalmente logró expulsarlos de una vez por todas y alentó a Clarita a buscar la salvación para prevenir futuras posesiones demoniacas.

. . .

Clarita fue libre de los demonios el resto de sus días. Siguió activa en la iglesia de las Filipinas y luego se casó y tuvo familia.

2

Priscilla Johnson. Terror en la América colonial

PRISCILLA JOHNSON ERA una adolescente que vivía en la América colonial de 1670, en lo que luego serían los Estados Unidos. Era una jovencita delgada y rubia, intensa y extrovertida de 16 años de edad. Trabajaba para la familia del pastor local para llevar algo de dinero extra a su casa. Sin embargo, parecía que el demonio la estaba esperando justo afuera de la casa del ministro.

La pesadilla empieza cuando la familia del pastor comienza a observar una extraña conducta en la joven no mucho tiempo después de que Priscilla comenzara a trabajar para ellos. Dijeron que de repente mostraba cambios de expresión facial repentinos, que hablaba con algo que no estaba ahí y que reía histéricamente sin razón alguna, la cual a veces era tan violenta que caía al piso.

Esta conducta siguió por unas semanas hasta que de repente, cierta noche, se puso más grave en su casa. Priscilla comenzó a gritar por el terrible dolor que sentía, agarrando diferentes partes de su cuerpo por el terror. Su familia no le dio mucha importancia a esta conducta, incluso cuando se agarró la garganta, ahorcándose.

Quizás pensaban que intentaba llamar la atención. No obstante, era demasiado real para Priscilla.

Poco después, Priscilla comenzó a sufrir convulsiones en las que su cuerpo se retorcía y ella sólo era capaz de pronunciar las palabras "dinero", "miseria" y "pecado".

Era bastante extraño que ella permanecía completamente consciente durante las convulsiones, hasta el punto de ser capaz de repetir lo que otras personas decían en su presencia. Sin embargo, ella seguía sin tener el control de su cuerpo mientras se arrastraba por el piso. Su largo cabello rubio se sacudía en el aire mientras sus extremidades se contorsionaban en posiciones imposibles y dolorosas. Esto finalmente preocupó lo suficiente a sus padres como para que llamaran al pastor. Todos estuvieron de acuerdo que esto parecía que iba más allá de un acto por atención.

Otro hecho anormal de las convulsiones es que no parecían debilitarla en lo absoluto. Ella estaba más fuerte y con más energía después del ataque de lo que estuvo nunca antes, lo cual es todo lo contrario a una convulsión completamente física. Su fuerza se volvía tan omnipotente que requirió de seis hombres corpulentos para mantenerla quieta en el piso para que no se lastimara a sí misma, en especial cerca de la chimenea, un objetivo que parecía favorecer lo que sea que estaba controlando su cuerpo.

Además de tener la habilidad de escuchar a la gente a su alrededor, ella luego podía identificar a las personas en su habitación aun con los ojos bien cerrados, incluso si las personas estaban en silencio. Las convulsiones se intensificaban cuando el pastor entraba a la habitación, a pesar de que con los ojos cerrados no tenía forma de saber que había entrado.

Las convulsiones no eran la peor parte de la experiencia de Priscilla. Conforme avanzaba su posesión, se manifestaron otros extraños síntomas. Entre las convulsiones, ella saltaba por toda la casa haciendo ruidos de animales que iban desde los ladridos de los perros hasta el balar de las ovejas. Además, le habían surgido deseos asesinos.

· · ·

Esto comenzó con sus padres, pero luego incluyó a los vecinos y a los niños del pastor que ella solía cuidar. Lo peor es que era el más pequeño de los niños quien era el objetivo principal de la mayoría de sus obsesiones. Estos deseos homicidas eran tan fuertes que requerían de toda la voluntad que tenía para no actuar según estos. Según Priscilla, este fue uno de los aspectos más aterradores de su experiencia.

Cuando sus síntomas empeoraron, se la llevaron a vivir a la casa del pastor bajo el cuidado de la familia. Una noche después de su llegada, Priscilla despertó con el horrible impulso homicida bullendo en todo su ser, como si su misma sangre estuviera en llamas. Ella no podía sacar la idea de su cabeza.

Debilitada por los meses de luchar esas peleas, Priscilla se rindió. Después de agarrar una coa (una herramienta curvada similar a la hoz), ella avanzó silenciosamente por la casa y se dirigió a la habitación del pastor que estaba al final del pasillo. Convencida de que estaba dormido, Priscilla estaba lista para matarlo; sin embargo, él estaba caminando por el pasillo cuando se encontró a la joven que actuaba de forma muy extraña- Ella escondió discretamente la herramienta debajo de su camisón e inventó una excusa respecto a su presencia en el pasillo.

Asustada, pero aliviada, regresó a su habitación. Por suerte, el deseo asesino se había calmado. Faltaban unas cuantas semanas para que el pastor se enterara de lo cerca que estuvo de ser asesinado.

No obstante, estos deseos asesinos no estaban limitados exclusivamente a otras personas. Muchas veces, Priscilla luchó contra los pensamientos e impulsos suicidas, llegando al punto de ponerse de pie a la orilla de un pozo, preparándose para saltar, hasta que algo la distrajo y el impulso desapareció. También fantaseaba con ahorcarse a sí misma, pero nunca tuvo éxito a la hora de volver realidad esas fantasías.

Priscilla finalmente reveló que Satanás se le había aparecido múltiples veces mientras estaba trabajando y luego mientras vivió en la casa del pastor. Todo comenzó cuando ella se atrevió a entrar al sótano del pastor para agarrar algunas provisiones. Ahí, ella vio dos extrañas figuras, así que regresó corriendo, aterrorizada. Ella hizo que alguien la acompañara al sótano, pero no vieron a nadie. Aunque esta persona dijo haber visto a Priscilla hablando con alguien, aunque estaban solos. Priscila dijo que su error había sido saludar a quien luego ella creyó que era Satanás con las palabras "¿Qué sucede, viejo?". Aparentemente, un inocente saludo fue lo que le dio al ser maligno el acceso a su mente y luego a su cuerpo.

De acuerdo con ella, Satanás se le apareció muchas veces.

En su mano siempre cargaba con un libro lleno de los contratos que hacía con los individuos, firmados con sangre, y él también quería que ella hiciera un pacto con él. Priscilla dijo que él mencionó su descontento con la vida, es decir, vivir en un pequeño pueblo, ser de familia pobre, tener que trabajar para el pastor y nunca tener esperanzas para viajar por el mundo. Así que él le prometió algunas cosas muy tentadoras como la oportunidad de ver el mundo, tener una gran riqueza, ropas hermosas y nunca más tener que trabajar.

Priscilla dijo que nunca llegó a asociarse con el demonio, pero testimonios posteriores contradicen sus palabras.

Ella admitió que él solía aparecerse cuando se sentía más desdichada con la vida, deprimida, cargada de trabajo y anhelando algo emocionante. También admitió que lo escuchaba, en vez de huir de él, ya que él siempre parecía comprender sus desgracias.

Las palabras de Priscilla alternaban entre las de terror ante la visión del demonio y confesar quedarse a trabajar hasta tarde al propósito para irse a casa después de que oscureciera, por lo que tenía más probabilidades de encontrarse con el diablo. Él se aparecía ante ella en las sombras de la oscuridad en su solitario camino a casa, caminando, hablando y simpatizando con ella para lograr tentarla. Ella luego confesó que había viajado con él en al menos dos ocasiones: ella iba a caballo y él en la forma de un gran perro negro que la seguía de cerca.

El diablo no fue el único ser al que ella vio. Ella después dijo que, para su horror, ella había visto más criaturas demoniacas de lo que había visto humanos. Estas criaturas, de alguna manera, tenían forma humana, pero eran deformes, repugnantes y mutantes hasta el punto de ser horribles de ver. Algunos de estos demonios tampoco se conformaban con sólo aparecer; a veces la mordían, la ahorcaban, le hablaban o la arrojaban al piso. Aparentemente, al menos una de estas criaturas también era visible para otra jovencita.

Muchos cristianos de la comunidad rezaban y aconsejaban a Priscilla, incluyendo el pastor, pero todos tenían en mente la misma pregunta: ¿Priscilla de verdad estaba poseída?

Un médico local fue convocado para revisarla y su opinión inicial, basándose en el limitado conocimiento médico de la época, era que su posesión se debía a problemas estomacales y a mala sangre. Llegó al punto de decir que la mala sangre hacía que humores tóxicos se le concentraban en el cerebro, lo cual era el origen de todos sus problemas.

Le recetó una poción, que es probable que fuera un tipo de tranquilizante. Las convulsiones se hicieron menos frecuentes y menos intensas, y llevaron a Priscilla de regreso a casa de sus padres. Sin embargo, sus problemas todavía no habían terminado.

Con el tiempo, su conducta se volvió extraña otra vez y comenzó a alternar entre estar feliz por ser libre de los demonios y estar triste porque ya no recibía visita de ellos.

En poco tiempo, las convulsiones volvieron con fuerza, mostrando una vez más las imposibles contorsiones con la misma conciencia de su entorno. No obstante, esta vez, Priscilla no podía hablar para nada: su lengua estaba levantada hacia su paladar.

. . .

En ocasiones, su lengua permanecía en esa posición por horas, e incluso los hombres más fuertes no eran capaces de moverla de esa posición. Conforme empeoraba su condición, volvieron a llamar al pastor.

A partir de ese momento, ella comenzó algo que sólo puede ser descrito como un descenso hacia la locura y el tormento. Las convulsiones comenzaron a durar horas por ataque y su conducta entre los episodios se volvió errática y sin sentido. Tenía que ser vigilada de cerca debido a múltiples intentos de suicidio, pero los que la vigilaban tenían que ser cuidadosos porque podía atacarlos con mucha violencia. Cuando tenía éxito lastimando a alguien, ella se reía con un placer diabólico.

El pastor y la familia de Priscilla, al parecer, comenzaron a dudar de que estuviera realmente poseída. Priscilla se confesaba sobre algo un día, y se retractaba al siguiente, y luego volvía a confesar algo similar días después. Comenzaron a sospechar que todo era un intento para llamar la atención, justo como se imaginaba su familia al inicio. Pero días después cambiarían de opinión.

Cierto domingo, las convulsiones de Priscilla comenzaron otra vez, pero, de repente, su lengua salió de su boca tan lejos que parecía físicamente imposible. Su cuerpo, muy hinchado y carnoso, comenzó a doblarse y a girar como si fuera una contorsionista de circo. Luego salió una nueva voz de sus labios. Era una voz masculina, profunda, gutural y agresiva que se burlaba de ellos por acudir a la iglesia esa mañana de domingo y le dijo al pastor que era un repugnante mentiroso.

La familia llamó inmediatamente al pastor por miedo.

Cuando llegó, él estaba muy desconcertado. Nada en la conducta de Priscilla hasta ese momento apuntaba tan claramente a una posesión demoniaca. El pastor luego admitió que estaba aterrado, ya que nunca había lidiado con una posesión demoniaca tan de cerca y de forma personal, además de que ya no podía negar los rasgos demoniacos de lo que estaba pasando.

En ese momento, la malvada voz que venía de Priscilla comenzó a nombrar a los que estaban presentes y luego a enlistar cada secreto y acto pecaminoso que la persona hubiera cometido en el pasado, incluso aquellos que Priscilla no tenía forma de saber. Eso asustó a muchos de los presentes, por supuesto, y apuntaba una vez más a poderes demoniacos.

Cuando se le confrontó respecto a quién era, el espíritu contestó, "yo soy un niño bonito y esta es mi niña bonita". Esto les generó unos escalofríos a los padres de Priscilla, esa cosa malvada estaba reclamando a su joven hija como su propiedad.

Los presentes comenzaron a rezar por la liberación de Priscilla. Ella se quedaba en silencio en esos momentos, pero en el instante en el que dejaban de rezar, la misma voz demoniaca volvía a hablar. La batalla continuó varios días más hasta que todos los involucrados estaban agotados.

Con el tiempo, las convulsiones se volvieron más leves, pero ella nunca recuperó la habilidad para hablar. El espíritu malvado eventualmente dejó de hablar a través de ella y sólo se requería una persona para vigilarla por su seguridad. Por desgracia, Priscilla nunca se recuperó por completo.

3

Julia, la sacerdotisa de Satanás

El doctor Richard Gallagher, un psiquiatra certificado, publicó un artículo titulado "Entre las muchas falsificaciones, un caso de posesión demoniaca" (*Among the Many Counterfeits, a Case of Demonic Possession* en el inglés original) en la revista *The Oxford Review* (marzo 2008), en el que hablaba de sus experiencias con una paciente que, según estaba completamente convencido el doctor, estaba poseída por un demonio.

Julia, el pseudónimo que utilizó el médico para su paciente, era una mujer de cuarenta y pocos años, inteligente y autosuficiente a quien describió como muy lista.

. . .

En una conversación informal con ella, no había nada que hiciera sospechar que estaba controlada por algo paranormal y parecía ser bastante lógica y bastante cuerda. Ante todas las apariencias, Julia era una mujer normal, atractiva y bien hablada. El elemento principal que sí resaltaba de Julia era su elección bastante dramática de apariencia, todas sus ropas eran negras y combinaban con un abundante maquillaje oscuro.

Julia era una autoproclamada sacerdotisa satánica que había participado en varios cultos satánicos a lo largo de los años. No había nada para hacer que los involucrados en su caso dudaran de la verdad de esto, e incluso ella admitió que era la causa más probable de su posesión.

Al inicio, ella pidió ayuda a la Iglesia Católica cuando sus síntomas comenzaron a manifestarse. Al ser criada como católica, a pesar de haber rechazado el catolicismo en el pasado, ella creía que era su mejor opción. Fue uno de los sacerdotes que trabajaba en su caso quien le pidió al Dr. Gallagher que participara en su caso.

Algunos de los aspectos más escalofriantes de la posesión de Julia eran las voces que hablaban a través de ella.

. . .

Iban desde lo más profundo, gutural y amenazante hasta lo anormalmente agudo. Todas las voces eran, sin lugar a dudas, diferentes de la voz normal de Julia, así como también de sus formas de expresión. Las voces reclamaban la posesión sobre Julia y se burlaban de aquellos que querían ayudarla utilizando lenguaje soez y escatológico. Estas voces expresaban un increíble nivel de odio y hostilidad además de saber cosas perturbadoras sobre las personas que estaban cerca de Julia.

Estas voces no sólo hablaban inglés, como lo hacía Julia; eran fluidas en español, latín y griego. Parecía que disfrutaban distraer a los padres y a las monjas involucrados que utilizaban los lenguajes clásicos. Las voces siempre eran crudas y abusivas, puntualizando sus amenazas con lenguaje grosero. Nada de esto era el típico patrón del habla de Julia o el contenido de sus conversaciones; tampoco era el tono de su voz ni usaban expresiones que pudieran reflejar a Julia.

En un incidente, Julia le mencionó a un miembro de su equipo, "aquellos gatos sí que tuvieron una tremenda pelea anoche, ¿no?".

. . .

La mayoría de las personas no pensarían que estas palabras están fuera de contexto; sin embargo, ese miembro del equipo vivía en una ciudad diferente a la de Julia y se había despertado a las 2 a.m. porque sus dos gatos, que normalmente se llevaban bien, tuvieron una ruidosa pelea. Al parecer, lo que sea que estaba controlando a Julia sabía de eso e incluso pudo haberlo provocado. Este evento fue, por lo menos, bastante intimidante, que no cabe duda que ese era su propósito.

En otra ocasión, Julia habló con otro miembro del equipo sobre su familiar difunto, con información respecto a su relación, personalidad y el tipo de cáncer que había sufrido. Julia no tenía información previa respecto a la familia del miembro del equipo. Una vez más, lo que sea que estuviera controlando a Julia trataba de intimidar a aquellos que trabajaban para liberarla.

Julia solía revelarles a los miembros del equipo sus debilidades y pecados secretos además de mencionar con precisión el lugar y las acciones de las personas que trabajaban en su caso, incluso antes de conocerlas. Los miembros creían que algo quería que el equipo supiera que no había nada que esa cosa no pudiera saber sobre ellos.

. . .

Durante sus exorcismos, Julia podía notar la diferencia entre agua bendita y agua de la llave. Si se le echaba agua normal o se le rociaba encima, ella no mostraba ninguna reacción física; sin embargo, si se le echaba agua bendita, ella gritaba como si sintiera un terrible dolor.

Las voces que hablaban a través de Julia no sólo se limitaban a los momentos de evaluación y exorcismos. En un episodio bastante espeluznante, el Dr. Gallagher estaba hablando del caso de Julia por teléfono con un padre muy lejos de donde estaba Julia. En medio de la conversación, una de las voces demoniacas de Julia interrumpió la conversación, ordenando que dejaran a Julia en paz. Ambos hombres estaban bastante desconcertados respecto a cómo hizo la voz para estar en la llamada telefónica y cómo sabía que estaban hablando de ella en ese momento.

No obstante, lo que sí impresionó a todo el equipo fue cuando, en ocasiones, Julia llegaba a levitar durante los exorcismos. En una situación en particular, un grupo de testigos, incluyendo profesionales de la salud y monjas que trabajaban como enfermeras psiquiátricas, vieron a Julia flotar sin apoyo alguno unos 30 centímetros sobre el piso por media hora.

. . .

Esta no fue la única vez que la vieron levitar, pero fue la situación más impresionante y ocurrió durante un intento de exorcismo.

La levitación no era la manifestación más dramática asociada con la condición de Julia. Durante otro incidente de levitación, mientras flotaba en el aire a unos 15 centímetros del suelo, algunos objetos comenzaron a salir volando de las repisas en la habitación en una espeluznante demostración de lo que los expertos llaman psicoquinesia. Lo que fue bastante extraño, es que cuando luego le preguntaron a Julia sobre el incidente tiempo después, ella no recordaba nada.

Cuando levitaba o hablaba en esas otras voces, Julia entraba en un estado como de trance. Era como si ella saliera de su cuerpo y otra cosa entrara.

Durante estos trances, además de manifestar poderes paranormales, Julia hablaba de ella en tercera persona y mucho de lo que decía tomaba la forma de provocaciones, insultos y amenazas. Frases como "¡ella es nuestra!", "¡déjala en paz, imbécil!" y otras expresiones bien condimentadas con blasfemias extremas eran bastante comunes.

Otra característica de lo que decía era un gran desprecio por la religión y todo lo sagrado llegando hasta el punto de decirle a las monjas "putas". Ella también llegó a exhibir fuerza sobrehumana que incluso requería de al menos tres mujeres que la sostuvieran para que no pudiera lastimar a otras personas o a ella misma.

El verdadero exorcismo comenzó un día soleado y cálido.

Llevaron a Julia para otro intento de exorcismo.

Conforme la metían a la habitación, los presentes sintieron un descenso repentino de la temperatura en el lugar; era un frío poco natural que les daba escalofríos hasta los huesos conforme la habitación adquiría una atmósfera hostil y misteriosa. Aun así, cuando los demonios comenzaron a hablar a través de Julia, las cosas cambiaron radicalmente. La temperatura en la habitación aumentó y aquellos que estaban trabajando con ella sudaban profusamente conforme la temperatura seguía aumentando hasta niveles casi insoportables.

Mientras siguieron con las oraciones y los rituales, a pesar del calor asfixiante y poco natural, los sonidos que salían de Julia cambiaron a escalofriantes rugidos animales, aparentemente imposibles para cualquier humano. Poco después, las voces cambiaron a su conducta normal, utilizando diferentes lenguajes para proferir desprecio, abuso y sacrilegio con una gran ira y odio.

Por desgracia, aunque los exorcismos resultaron ser de ayuda, Julia nunca logró la completa libertad de los demonios que la poseían.

4

Michael Taylor. Del exorcismo al asesinato

MICHAEL TAYLOR, esposo de Christine Taylor y padre de cinco hijos, era un carnicero en Ossett, Inglaterra. Él y su familia parecían una típica familia de los setenta. Michael estaba felizmente casado, amaba a sus hijos y no sufría de depresión ni de otros problemas mentales. Era un hombre de 30 años, de apariencia promedio con una gran sonrisa y una personalidad relajada, aunque sí padecía de un dolor crónico de espalda. Su joven esposa, Christine, era una mujer rubia y atractiva que parecía estar muy apegada a él.

No obstante, su tranquila vida dio un giro perturbador cuando Michael se vio involucrado en una secta religiosa local llamada El Grupo de la Comunidad Cristiana.

. . .

Él y su familia no eran religiosos para nada hasta que un vecino lo invitó a asistir a una de las reuniones. Ahí, conoció al líder seglar del grupo, Marie Robinson, de 22 años de edad, y se obsesionó tanto con el grupo como con ella.

Este grupo, después descrito como un culto por algunos de los involucrados, muy pronto absorbió mucho del tiempo de Michael. Comenzó a asistir a todos los servicios, participar en reuniones como de salvación y a acudir a reuniones de oración personal con Marie. También pasaba cada vez menos tiempo en casa y, cuando estaba en casa, las cosas eran muy diferentes. Christine, que había comenzado a sospechar que había algo más en la relación de Michael y Marie que sólo oraciones, comenzó a preocuparse mucho.

Ella comenzó a preguntarse si su marido estaba teniendo una aventura con Marie. Tiempo después, Michael dijo que recordaba aparecer repentinamente desnudo en frente de Marie y sentir una emoción malvada dentro de él. Él dijo que sus ojos se volvieron unas hendiduras y que ella lo sedujo. Intentó combatirlo, según dijo, pero la tentación lo superó.

. . .

Él dijo haber ido a ella buscando conocimiento y guía espiritual, pero, en retrospectiva, él podía ver que ésta no era la forma adecuada y se sentía traicionado.

Marie, no obstante, contó una historia completamente diferente. Ella dijo que estaba visitando a Michael en su casa y, cuando Christine dejó la habitación, Michael la había besado. Marie rechazó sus intentos, recordándole lo mucho que amaba a su esposa. Él estuvo de acuerdo y, cuando Christine volvió a la habitación, le informó que se había logrado una gran victoria porque él y Marie habían superado sus pasiones.

De cualquier manera, es bastante claro que algo estaba mal con la mente de Michael. De acuerdo con aquellos que lo conocían mejor, este simplemente no era el Michael que conocían; se había dado algún cambio drástico en su comportamiento, y no era bueno. Además de todo esto, perdió su trabajo y estaba sufriendo de una gran depresión.

Christine, su esposa de 29 años de edad y madre de sus hijos, comenzó a preocuparse cada vez más por él. Finalmente, ella no pudo resistir más y tomó cartas en el asunto con sus propias manos.

Durante un servicio religioso, ante la congregación, ella abiertamente acusó a Michael de haberla engañado con Marie. Ella esperaba que Michael reaccionara con enojo, sin duda, pero ella nunca hubiera esperado lo que pasó después.

Normalmente relajado y dócil, Michael se volteó con una gran furia, no hacia Christine, sino a Marie. De acuerdo con los testigos, sus gestos faciales se contorsionaban en algo casi bestial conforme se ponía de pie y se dirigía hacia ella, evitando obscenidades y diciendo cosas en diferentes idiomas. Enojado, él la abofeteó brutalmente en el rostro. Marie dijo que la mirada en sus ojos la había convencido de que él quería matarla y ella estaba aterrada por su vida. Varios miembros del grupo saltaron hacia ellos para agarrar a Michael antes de que siguiera lastimando a Marie, aunque les tomó algo de tiempo restringirlo.

Michael siguió gritándole a Marie, cambiando de un idioma a otro. Aterrorizadas, tanto Marie como Christine comenzaron a rezar en el nombre de Jesús. Conforme lo hacían, Michael se tranquilizó lo suficiente como para ser liberado. Después de que todo había terminado, Michael insistió que no recordaba nada de lo que había ocurrido.

. . .

Michael regresó a la siguiente reunión y, aparentemente, todo el grupo, incluyendo Marie, lo habían perdonado.

De forma contraria, las cosas no estaban del todo bien en casa. Incluso antes del incidente, Christine había notado que su conducta había cambiado.

Él estaba irritable, enojado y deprimido, y cuando estaba en casa parecía que ahogaba la felicidad de su existencia.

En público, él hacía cosas extrañas como escupirles a las personas y decirles que él era lo mejor de la raza humana.

Incluso los vecinos notaron que la familia, normalmente alegre y bulliciosa, estaba anormalmente silenciosa y reservada.

Conforme su conducta comenzó a ser más y más errática, alguien habló con un sacerdote anglicano local. Basándose en lo que había escuchado, el sacerdote decidió que era necesario un exorcismo.

. . .

Fueron convocados tanto un ministro anglicano como un ministro metodista para ayudar con el exorcismo, al cual Michael estuvo de acuerdo en participar.

Michael y su joven esposa se reunieron con el equipo del exorcismo, el cual duró toda la noche e incluso parte de la mañana. Durante este proceso, Michael sufrió convulsiones junto con gritos, mordidas, arañazos y escupitajos.

Lo amarraron al suelo por la seguridad de todos. En cualquier momento en el que una persona se acercaba a Michael, él le gruñía y mordía como si fuera un animal salvaje.

Las oraciones, confesiones y lectura de la Biblia siguieron varias horas mientras Michael peleaba, momentos en los que a veces parecía más animal que humano. Temprano, a la mañana siguiente, el equipo dijo haber expulsado 40 demonios fuera de Michael, incluyendo demonios de incesto, bestialidad, blasfemia y lascivia. Agotados, los miembros del equipo decidieron parar e intentarlo otra vez un poco de tiempo después, ya que sentían que quedaban tres demonios: demonios de la locura, asesinato y violencia.

. . .

La esposa de uno de los ministros estaba presente en el exorcismo y ella estaba muy, pero muy segura de que, si el equipo dejaba ir a Michael, era casi seguro que mataría a Christine. Ella habló con su marido y le rogó que el equipo continuara un poco más y no dejará ese trabajo tan peligroso e importante sin terminar. Por desgracia, el equipo, tan cansado como estaba, ignoró sus palabras, las cuales demostraron ser proféticas.

Michael volvió a casa con Christine para descansar para otro exorcismo. Dos horas después de que habían regresado, Christine estaba muerta.

Michael la había ahorcado con sus propias manos. Luego, mientras estaba aparentemente desnuda, él le había sacado a los ojos, le había arrancado la lengua y había desgarrado la mayoría de su cara. Todo con sus manos desnudas y sus uñas. Los reportes de la autopsia demuestran que ella murió rápidamente, pero había inhalado algo de su propia sangre. Por suerte, los niños no estaban en casa cuando esto sucedió, pero la policía también encontró al poodle de la suegra de Michael ahorcado y que le habían arrancado casi todas las extremidades.

. . .

La escena del crimen era bastante perturbadora, incluso para los oficiales más experimentados en la fuerza policial local, quienes tuvieron bastantes problemas con esos recuerdos por años. Los oficiales describieron a Christine como simplemente destrozada en pedazos.

El asesinato fue descubierto de que Michael fue encontrado vagando en las calles, desnudo y cubierto de sangre, gritando "¡es la sangre del Diablo! ¡es la sangre del Diablo!". Los oficiales lo pusieron bajo custodia y se descubrió la escena del crimen cuando volvieron a su casa para comprobar que estuviera bien su esposa.

Michael se había convencido de que Christine era la que estaba poseída por el demonio, confesándole luego a los oficiales: "liberado. Estoy liberado. Se acabó. La maldad en su interior ha sido destruida". Parecía que los demonios todavía lo controlaban, con la única salida en la que Michael y Christine eran libres era que Christine muriera.

La esposa del ministro estaba en lo correcto: esos demonios de violencia, locura y asesinato querían ver a Christine destruida.

. . .

A Michael se leen juicio por asesinato, pero fue absuelto bajo los términos de locura. Él intentó suicidarse cuatro veces y pasó dos años en un hospital mental, el nuevo dos años en un ala de seguridad. Años después de su liberación, Michael fue arrestado y enjuiciado por haber tocado inapropiadamente a una niña menor de edad. Se le declaró culpable y en menos de un año en su sentencia, se notó que estaba manifestando el mismo tipo de comportamiento que antes de matar a Christine. Se le mandó una vez más al cuidado psiquiátrico.

Se especula que nunca fue liberado de los demonios que lo llevaron al asesinato de su esposa y haber dejado a sus cinco hijos sin madre y con lo que parecía un monstruo por padre, demostrando así que la posesión demoniaca no sólo afecta al poseído.

5

Posesión masiva en la escuela Elsa Perea Flore

Existen muchos nombres que se le asignan a lo que ocurrió en la escuela secundaria peruana en 2016: histeria masiva, posesión demoniaca contagiosa y/o interferencia demoniaca. Los reportes mediáticos iniciales establecen que los niños estaban sufriendo de una condición contagiosa, pero nunca se encontró una explicación médica.

Todo comenzó cuando cerca de 20 niños, entre las edades de 11 a 14 años, cayeron enfermos violentamente casi al mismo tiempo en el Colegio Elsa Perea Flore en Tarapoto, Perú, alrededor de dos meses después de haber comenzado las clases.

. . .

Estos estudiantes, de diferentes clases, estaban en su rutina típica diaria cuando comenzaron a tener convulsiones y ataques, seguidos de delirios, escuchar voces, náuseas, vómitos, echar espuma por la boca y desmayos.

Eventualmente, 100 niños fueron víctimas de los mismos síntomas y solían desmayarse casi al mismo tiempo, aunque estuvieran en diferentes salones de clase. La cantidad de niños que enfermaron al mismo tiempo hizo que fueran llevados al hospital en camiones en vez de ambulancias.

Cuando llegaron al hospital, los doctores y las enfermeras solamente pudieron tratar los síntomas porque no tenía idea de cuál era la causa. Su único recurso era etiquetarlo como un caso de histeria masiva.

Las fotos publicadas por los medios en ese momento eran bastante perturbadoras: niños de secundaria, en uniformes de cuadros a juego y calcetines blancos a la rodilla, todos en varios estados de enfermedad y terror.

Algunas de las imágenes mostraban a los doctores y enfermeras cargando a los niños fuera de la escuela.

Otras imágenes mostraban a los niños restringidos contra los escritorios, amigos y maestros tratando de dominarlos para prevenir que se lastimaran a sí mismos por el miedo y la locura. Una imagen mostraba a una niña de cabello oscuro, su cabeza era cargada por un adulto y sus ojos que estaban fijos en algo que nadie más veía, mientras que su boca estaba abierta en un grito espeluznante.

Lo que estaba asustando tanto a estos niños no eran los síntomas de la enfermedad, a pesar de que eran tan aterradores. El origen de su miedo era una visión común que afectó a todos los niños por la experiencia paranormal que experimentaron: un hombre alto y con barba.

Todos los niños dijeron haber sido perseguidos por un hombre alto con una gran barba y vestido con ropas oscuras, intentando hacer contacto físico con ellos, un contacto al que tenían miedo de forma instintiva. Los niños dijeron que los perseguía sin descanso, aunque durante esos momentos todos a su alrededor dijeron que esos niños estaban inconscientes, pero gritaban de terror.

. . .

La causa de esta epidemia sigue sin ser clara. Algunas personas dicen que comenzó después de que unos cuantos estudiantes utilizaron una Ouija para intentar comunicarse con los fantasmas que embrujaban la escuela. Las autoridades y las figuras religiosas nunca confirmaron esto.

Otra posibilidad es la historia de que durante la construcción de la escuela se descubrieron restos humanos. A pesar del descubrimiento de lo que muchos creían que era una tumba masiva usada por la mafia local, la construcción siguió. ¿Podría ser que este cementerio, sobre el cual fue construida la escuela, fuera el origen de ese problema?

Los oficiales de la escuela y los Padres llamaron a todos los expertos conocidos, desde médicos e investigadores hasta hombres santos, sacerdotes y exorcistas (quienes llevaron a cabo misas en el campus). Nada parecía solucionar los problemas. Por dos meses, esta epidemia paranormal se extendió por toda la escuela, y luego, de repente, simplemente desapareció de forma tan misteriosa como empezó.

Por suerte, todos los estudiantes se recuperaron bastante rápido.

Una visita a la página de Facebook de la escuela muestra que todo parece haber vuelto a la normalidad… por ahora.

6

David: el hombre bestia y el niño

David tenía cerca de 11 años cuando su familia comenzó a renovar una nueva propiedad. Cierto día, mientras su familia estaba ocupada remodelando esta casa más vieja, la madre de David lo vio caer repentinamente hacia atrás en la cama sin una razón aparente.

Naturalmente, ella le preguntó qué sucedía y su respuesta fue bastante desconcertante: "el hombre viejo me empujó".

Cuando se le presionó, David le dijo a su madre que había sido empujado a la cama por un hombre viejo vestido con jeans y una playera de franela.

. . .

Tenía una barba muy blanca, pero su piel era muy rugosa, como si se hubiera quemado. Él dijo que después de haber sido empujado por el viejo, él había apuntado un dedo largo y delgado hacia su pecho y simplemente dijo "¡Cuidado!". Su madre no vio nada y decidió que David solamente estaba intentando evitar su trabajo.

Resultó que este solo era el inicio de una temporada de terror absoluto para el joven David.

Después, David comenzó a tener pesadillas en las que veía a lo que él llamaba "el hombre bestia". Esta criatura se veía algo así como un hombre alto y oscuro a primera vista, pero sus ojos eran grandes y completamente negros, sus pies tenían la forma de pezuñas, sus gestos faciales eran animales, sus orejas eran grandes y puntiagudas, sus dientes estaban mellados y tenía unos cuernos que salían de su cabeza.

David dijo que esta criatura aparecía en sus pesadillas y que quería su alma. Su madre estaba preocupada por estas pesadillas recurrentes que hacían que David se despertara gritando, pero las cosas se pusieron peor.

. . .

Después de las pesadillas, ella encontraba moretones y marcas de rasguños en David que no tenían una explicación natural y parecían aparecer mientras dormía.

Imaginen el terror de David cuando el hombre bestia comenzó a aparecer durante la luz del día. No sólo eso, pero imaginen el miedo de la familia cuando unas profundas marcas de rasguños aparecieron en la puerta principal más o menos a la misma hora en la que David dijo haber visto al hombre bestia en la casa.

Las situaciones se volvieron cada vez más terribles cuando ruidos misteriosos comenzaron a surgir del ático. Debbie, la hermana mayor de David, le pidió a su novio, Cheyenne, que se quedara con la familia para ayudar con lo de David. Cuando los ruidos comenzaban, Cheyenne rápidamente subía al ático, sólo para descubrir que nada podía estar causando esos ruidos misteriosos.

Conforme las cosas continuaron, la personalidad de David comenzó a cambiar y sus pesadillas se volvieron mucho peores. Eventualmente, alguien tuvo que quedarse despierto con él toda la noche porque sufría convulsiones alrededor de cada 30 minutos.

. . .

Además, llegó a subir casi 30 kilos en sólo unos cuantos meses, a pesar de la privación de sueño, las convulsiones y los altos niveles de estrés que sufría.

Llamaron a un sacerdote para realizar una bendición en la casa, pero eso parecía intensificar los problemas de David. Salían más ruidos del ático, así como también aumentaron las apariciones diurnas del hombre bestia y también del hombre con barba. David comenzó a manifestar una conducta bastante perturbadora, como escuchar voces que nadie más escuchada y gruñir. David comenzó a patear, morder y a insultar utilizando palabras de su familia ni siquiera sabía que él conocía. También gruñía y siseaba, como algún tipo de bestia en vez de un niño pequeño. Ya no parecía ser David.

David comenzó a citar literalmente el *Paraíso perdido* de Milton, un material bastante difícil de leer para un niño de once años y ciertamente no estaba entre las lecturas preferidas de David. También comenzó a hablar con voces extrañas y a decir cosas en latín.

Fueron convocados Ed y Lorraine Warren, demonólogos muy conocidos, para ver si podían hacer algo para identificar la fuente del problema y ayudar a David.

Lorraine identificó una presencia maligna que perseguía a David. Mientras David estaba sentado en la cocina familiar durante su entrevista inicial con los Warren, Lorraine vio una niebla muy oscura y ominosa que tomaba forma al lado de David. Momentos después, David dijo que estaba siendo ahorcado y aparecieron enormes moretones rojos en su cuello donde momentos antes no había nada. Los Warren estaban seguros de que estaba involucrada una entidad demoniaca.

Se convocó a cuatro sacerdotes y se llevaron a cabo una serie de tres exorcismos no oficiales. Durante los exorcismos, David gruñía, siseaba, se retorcía, pateaba, peleaba y escupía como un animal salvaje. Voces extrañas que hacían declaraciones y profecías horribles hablaban a través de él. De acuerdo con los Warren, se habían expulsado 43 demonios del joven David.

Después de los exorcismos, David comenzó a mejorar de forma increíble. Los ruidos en el ático se detuvieron, así como las convulsiones y las pesadillas. Aun así, el hombre bestia todavía no había terminado con esta familia.

7

Cheyenne: el hombre bestia y el chico bueno

CHEYENNE ERA un joven hombre de 19 años de edad, con la reputación de trabajar duro por las personas que amaba. Él había dejado la escuela antes de graduarse para ayudar a su familia, e incluso había comprado una vieja chatarra como carro para que su madre no tuviera que caminar de ida y de regreso al trabajo.

Este joven agradable, bien parecido y rubio, con un cuerpo musculoso y compacto haría cualquier cosa por cualquier persona. Cuando descubrió que David, el hermano pequeño de su novia, estaba pasando por una situación aterradora, él estaba más que feliz de mudarse con la familia y ayudarles en lo que pudiera.

. . .

Cheyenne estaba presente cuando los sacerdotes realizaron los exorcismos en David, a quien llegó a querer como su propio hermano pequeño. No obstante, durante uno de estos exorcismos, Cheyenne cometió un error bastante serio. En su preocupación por David, él retó a los demonios a "dejar en paz al pequeño" y que mejor fueran contra él.

En ese momento, parecía que nada hubiera sucedido, pero le demonóloga Lorraine Warren sabía que podía haber repercusiones graves para Cheyenne. Ella incluso llegó a advertir a la policía local que podría haber problemas y les pidió que por favor mantuvieran vigilado a Cheyenne.

En poco tiempo, Cheyenne y su novia, Debbie, estaban comprometidos y habían decidido mudarse a un lugar propio. Debbie lograr ganar un empleo para el dueño de una estética canina y perrera local llamado Alan, quien tenía alrededor de 40 años. Alan era dueño de un departamento junto a la perrera y ofreció rentárselo a Debbie y a Cheyenne. Ellos aceptaron su oferta y parecía que todo iba muy bien, al menos por un tiempo.

. . .

Debbie se dio cuenta de que Cheyenne comenzaba a entrar en trances, en los cuales él parecía estar buscando alrededor y viendo algo que Debbie no podía ver. Esto inmediatamente le recordó a Debbie lo que había sucedido con su hermano menor, David. Ella también recordó que una de las voces que había salido de David dijo que el hombre bestia entraría a Cheyenne y haría que asesinara a alguien. Debbie recordó que David juró haber visto al hombre bestia entrar en el cuerpo de Cheyenne.

Tan pronto como terminó el trance, Debbie confrontó a Cheyenne sobre lo que pasaba, pero él no recordaba nada de lo que había sucedido; era como si el trance simplemente fuera tiempo perdido. Debbie estaba horrorizada, pero no podía hacer nada. De repente, Cheyenne comenzó a tener encuentros con la policía local, aunque él no tenía ningún antecedente delictivo y nunca se había metido en problemas con las autoridades.

Cierto día fatídico, Cheyenne decidió reportarse enfermo en el trabajo al que asistía como restaurador de árboles.

Él decidió que pasaría el día con Debbie y su hermana, Wanda, mientras ellas trabajaban en la perrera.

· · ·

Conforme pasaba la mañana, llegó la prima de 9 años de Debbie, Mary. En conjunto el pequeño grupo estaba disfrutando de la compañía de los perros y hablando.

Cerca de la hora del almuerzo, el jefe y casero de Debbie, Alan, apareció y se los llevó a almorzar a un bar local.

Alan y Cheyenne quedaron muy borrachos y, conforme regresaban a la perrera, Debbie comenzó a tener un muy mal presentimiento.

Mientras ella decidía qué hacer con sus emociones, Cheyenne y Alan comenzaron a discutir. La discusión aumentó rápidamente y Cheyenne comenzó a gruñir y a sisearle a Alan. Su comportamiento cada vez se volvía más bestial.

Al saber que algo muy malo podía pasar, Debbie estaba lista para sacar a Wanda y a Mary de la habitación. Ella logró agarrar el brazo de Wanda, pero cuando Alan vio que iban a salir, él agarró del brazo de la pequeña Mary y se negó a dejarla ir.

. . .

Cheyenne sacó una navaja de 10 centímetros de su bolsillo y apuñaló a Alan en el estómago. En vez de sacar la navaja, la empujó hacia arriba hacia el corazón de Alan. Debbie sacó a todos de la habitación mientras Cheyenne comenzaba a acuchillar repetidamente a Alan en el pecho y en el estómago antes de huir.

La policía llegó y Alan murió varias horas después. Los doctores estaban horrorizados con la gran medida que se extendía desde el estómago hasta el corazón. También notaron otras cuatro heridas grandes en su cuerpo y un total de 40 puñaladas.

La policía arrestó a Cheyenne a unos 3 kilómetros de la escena del crimen. Sin duda, Cheyenne fue juzgado por asesinato y cuando los abogados intentaron liberarlo del cargo bajo el hecho de que estaba poseído por un demonio, el juicio fue conocido como el "juicio de asesinato demoniaco".

El juez se rehusó a permitir que Cheyenne refutara los cargos basándose en posesión demoniaca y el juicio siguió como un juicio de asesinato normal, a pesar del circo mediático que rápidamente lo rodeó.

. . .

Cheyenne fue sentenciado y cumplió una sentencia de 5 años de los 10 a 20 que le habían asignado. Él y Debbie ahora están felizmente casados y parece que el hombre bestia los ha dejado en paz.

8

Clara Germana Cele, la chica serpiente

Clara fue una huérfana Bantu que creció en la Misión St. Michael en Natal, Sudáfrica. Se le solía describir como una adolescente bien portada, saludable y normal con cierto toque caprichoso. Ciertamente, ella no tenía reputación de malvada ni era una chica fuera de lo normal, excepto por su tendencia a las enfermedades físicas.

Hasta donde ella recordaba, Clara creció en una atmósfera muy religiosa, rodeada de monjas que la criaron desde la infancia, sacerdotes e influencias positivas. Sin embargo, en cierto día fatídico, Clara cometió un terrible error; de acuerdo con su propia confesión, ella hizo un pacto con el diablo.

· · ·

Clara comenzó a ser invadida por impulsos completamente ajenos a ella, a experimentar ataques de furia incontrolable y su lenguaje se volvió mucho más grosero y blasfemo. Ella cambió tan drásticamente que aquellos a su alrededor no podían evitar darse cuenta. Las monjas intentaron ayudarla al darle medallas sacrificadas y orando por ella, pero no fue suficiente.

La noche que ella hizo esa confesión, estaba terriblemente confundida y en un estado errático. Ella había llamado frenéticamente a algunas de las Hermanas para que acudieran a su habitación. Cuando llegaron, observaron a una aterrorizada Clara con ropas desgarradas, junto al marco de su cama, el cual ella había roto con sus propias manos. Clara gritó "¡traigan al sacerdote! ¡Tengo algo que confesar! ¡Vayan por él rápido! Tengo miedo de que Satanás me mate antes de tener la oportunidad de confesarme".

Histérica y salvaje, ella destrozó la habitación y le gritaba a una figura que nadie más podía ver, "¡me traicionaste!

¡Me prometiste la gloria y ahora me torturas más!". Ella siguió teniendo una conversación con las entidades que sólo eran visibles para Clara.

El sacerdote llegó para escuchar su confesión y, al inicio, pensó que sólo era un acto de la chica adolescente. Sin embargo, cuando comenzaron las manifestaciones paranormales, fue obligado a cambiar de parecer rápidamente. En poco tiempo, se dio cuenta de que Clara estaba definitivamente poseída por un demonio.

Una de las manifestaciones que las monjas creyeron más perturbadoras fue su increíble fuerza cuando estaba bajo la influencia de los demonios que la poseían. Las monjas intentaron restringirla para prevenir que lastimara a otras personas o a ella misma, pero fueron arrojadas al otro lado de la habitación como si no pesaran nada. El comportamiento de Clara fue en comparado con una bestialidad salvaje mientras ella gruñía, atacaba y bramaba mientras peleaba con uñas y dientes. Algunas de las monjas terminaron seriamente lastimadas como resultado de su ira sin sentido.

Cuando estaba en la agonía de uno de sus hechizos, ella emitió un sonido muy similar a una manada de animales salvajes como en "un coro liderado por el mismo Satanás", de acuerdo con el testimonio de una de las monjas.

. . .

El sonido era espeluznante, fuera de este mundo, ruidoso y difícil de olvidar.

Clara también podía levitar en ocasiones, llegando a flotar hasta 15 centímetros sobre su cama, siendo la primera ocasión cuando estaba en medio de una convulsión. No solamente era capaz de levitar, sino que también podía flotar horizontalmente. Cuando levitaba, parecía que incluso sus ropas estaban desafiando la gravedad, los pliegues no caían hacia abajo como uno esperaría, posiblemente debido a la rigidez de su cuerpo. Solamente al echarle agua bendita se podía detener su levitación.

Además, Clara tenía alteraciones físicas; sus mejillas se inflaban más allá de lo que parecía físicamente posible, su cuello se estiraba haciendo que apareciera una gran bola en su cuello y pequeños bultos aparecían debajo de su piel y se movían a lo largo de su cuerpo frente a los testigos. Todas estas manifestaciones iban y venían y los presentes no podían explicarlas racionalmente.

Como en muchos casos de posesión demoniaca, Clara también era capaz de hablar y comprender idiomas que nunca antes había escuchado, incluyendo el alemán, polaco y francés.

Clara también había desarrollado unas perturbadoras habilidades de clarividencia. Un joven hombre se había burlado cruelmente de ella y su venganza tomó la forma de la revelación de muchos pecados que él había cometido, incluyendo la fecha, la hora y la persona con la que lo había cometido.

En otra ocasión, ella describió a detalle los viajes recientes de uno de los sacerdotes presentes. Ella sabía de los destinos específicos y las horas que incluso eran difíciles de recordar para el sacerdote, aún más para alguien que no había viajado con él.

Ella también podía leer los pensamientos impuros de aquellos que la rodeaban, repitiéndolos en voz alta y diciendo quién lo estaba pensando. Parecía que nada estaba completamente oculto de los demonios que poseían a Clara y tampoco tenían problemas para compartir lo que sabían. Sin duda alguna, muchos de los que acudieron a su presencia se retiraron rápidamente.

Clara sabía si ella o su comida habían sido rociados con agua bendita y bramaba histéricamente con una risa maniática, vacía y burlona.

. . .

Clara también podía saber si una persona en la habitación llevaba cualquier tipo de reliquia o artefacto religioso, o incluso un crucifijo, no importaba si estaba escondido cuidadosamente. Esto solía tener como resultado una reacción muy violenta de su parte.

Una de las manifestaciones más perturbadoras asociadas con Clara era su habilidad para imitar el movimiento y la conducta de una serpiente.

Clara de repente caía al suelo, giraba sobre su estómago y pegaba sus brazos a sus costados. Se arrastraba por el piso como una serpiente y los testigos decían que esos movimientos parecían imposibles para que los pudiera realizar el esqueleto humano. Otros lo describían como hule, como si sus huesos hubieran sido reemplazados con alguna sustancia elástica.

Algunas veces, ella dejaba su garganta plana sobre el suelo mientras se deslizaba, lo que enfatizaba su apariencia de serpiente, mientras que otras veces ella saltaba su lengua como en siseos.

. . .

En cierta ocasión, una de las monjas estaba arrodillada en el suelo, rezando por el alma de Clara. Clara serpenteó rápidamente a su lado, levantó la cabeza y, de forma similar a una serpiente, abalanzó su cabeza hacia el vaso de la monja y la atacó como una víbora, mordiendo profundamente en la piel de la Hermana. Las otras monjas agarraron rápidamente a Clara y la monja herida se dio cuenta de que la marca de la mordida se parecía más a la de una serpiente y que a la de un humano.

Fue entonces cuando se aprobó un exorcismo para Clara.

Tan pronto como comenzó el rito del exorcismo, ella entró en un estado similar al de trance y estaba inmediatamente de pie, arrojando la Biblia del sacerdote y agarrando su estola. Antes de que cualquiera pudiera detenerla, ella jaló la estola alrededor de su cuello en un intento por estrangularlo. Palabras groseras y blasfemas manaban de su boca mientras los presidentes la alejaban del sacerdote. Él continuó con el rito, imperturbable y sin impresionarse.

Los aterradores sonidos bestiales familiares llenaron la habitación conforme ella comenzaba a levitar rígidamente sobre la cama. Ella no cayó a la cama hasta que los sacerdotes presentes la rociaron con agua bendita.

Clara gruñía, bramaba y peleaba desesperadamente.

Gritaban groserías y lenguaje blasfemo mientras continuaba el rito. La última vez que ella levitó, cayó sobre su espalda sin que le rociaran agua bendita. Clara había sido liberada.

No hay muchos detalles registrados sobre lo que pasó durante el exorcismo en sí mismo, pero funcionó un tiempo. Parece que Clara realizó otro pacto con el demonio y regresaron las manifestaciones.

Se realizó otro exorcismo y, una vez más, Clara era libre.

No obstante, a diferencia de la vez anterior, una terrible y nauseabunda peste llenó la habitación y luego desapareció justo antes de que ella fuera liberada. Una vez libre, ella pidió perdón por haber realizado un pacto con el diablo y, aparentemente, ya no dio más problemas. Clara murió seis años después por problemas en el corazón.

9

Los demonios de Arkansas. La historia de Amy Stamatis

AMY STAMATIS ES una mujer que quedó paralizada de la cintura para abajo después de haber saltado de un segundo piso en su casa en Arkansas en noviembre del 2006. Aunque la mujer insiste que ella no recuerda nada y no haber sido ella quien saltó, hay registros de que Amy se subió a una ventana abierta y estaba sentada en la orilla cuando se cayó. Las circunstancias del incidente todavía se considera que son bastante inusuales.

Desde hacía unos meses atrás, Amy llevaba ya un tiempo lidiando con pensamientos oscuros, y no exactamente los que se considerarían depresivos normales.

. . .

Ella decía haber escuchado voces en su cabeza que le decían que se suicidara, por lo que buscó ayuda con médicos psiquiatras en busca de un tratamiento efectivo. Sin embargo, las voces no se detuvieron.

Llegó un punto en el que Amy creyó que se estaba volviendo loca, que todo lo que le sucedía era producto de su mente que se había quebrado por alguna razón.

Nunca pensó que sus problemas fueran provocados por algún ser sobrenatural.

Después de su caída, ella estaba reposando en su cama de hospital cuando la visitó una mujer que decía ser haber despertado a los muertos y sanado a los enfermos terminales gracias a sus oraciones. Esa misteriosa mujer vio algo en Amy que ni ella ni nadie más había visto. Esa mujer había visto demonios en el espíritu de Amy.

Amy comenzó a experimentar unas misteriosas dolencias siete meses después de su caída. Una de estas situaciones se presentó cuando estaba terminando su turno de 24 horas en el hospital para el que trabajaba como enfermera en Little Rock.

Los médicos llamaron a Amy para que fuera a atender a un paciente que había llegado con quemaduras.

Después de haber llevado al paciente a una camilla y haber llenado su reporte médico, Amy de repente se descubrió rondando por los pasillos de emergencia sin un rumbo fijo. Repentinamente, ella había olvidado cómo hacer su trabajo. Simplemente, su mente se había desconectado. Ella no recordaba cómo había llegado a esos pasillos, esos recuerdos estaban en blanco.

Por suerte, ese era su último turno en el hospital. Pero, al regresar a casa, Amy, quién era una corredora de maratones, no era capaz de correr en línea recta. Tampoco era capaz de realizar tareas muy sencillas como elegir sus ropas para ir a trabajar.

Amy y le dijo a su marido que estaba teniendo una crisis nerviosa por lo que necesitaba acudir con un médico o a un hospital psiquiátrico para que la diagnosticaran.

Como es de esperar, los médicos le diagnosticaron varias enfermedades mentales. Le recetaron antidepresivos en gran abundancia, como si fueran caramelos.

Aun así, las voces siguieron hablando dentro de su mente y su conducta se volvió cada vez más impredecible.

En otra de esas situaciones extrañas, ella se desistió por completo en una reunión familiar con sus suegros. Y también, en algunas ocasiones en las que visitaba el hospital en el que trabajaba, ella les gritaba a sus antiguos compañeros de trabajo sin razón alguna.

Un episodio particularmente espeluznante sucedió cuando Amy y su esposo estaban viajando a un hospital en Minnesota buscando un tratamiento más especializado que pudiera ayudarle de verdad. Mientras estaba en ese hospital, ella se escapó de los doctores y enfermeras, para luego escalar siete u ocho pisos por la parte exterior de una rampa de estacionamiento. Mientras colgaba de ese lugar tan peligroso, ella amenazó a los testigos diciendo que iba a saltar. Por suerte, los policías y su esposo pudieron convencerla de que no lo hiciera.

Después de este episodio, a pesar de que los médicos la atendieran, las voces todavía seguían diciéndole cosas peligrosas y oscuras.

. . .

Después de la caída de Amy, la Iglesia de Cristo en Searcy organizó un servicio de oración por ella. Entre los que atendían estaba Cindy Lawson, una evangelista pentecostal que había realizado ya 10 exorcismos. Cabe mencionar que los que pertenecen a la Iglesia Pentecostal, en vez de decir que son exorcismos, los llaman expulsiones de demonios, pero el ritual es básicamente el mismo. Cindy no era miembro de la Iglesia de Cristo y nunca había visto a Amy. Pero, al igual que todo el mundo, ella había escuchado lo que había pasado, sólo que ella sintió la necesidad de visitarla. Dijo que, "el Señor me habló y me dijo que fuera al hospital para expulsar a los demonios de ella. Podía sentir que algo se revolvía en su interior".

Amy se había facturado la espalda en tres lugares, se había perforado ambos pulmones y se había fracturado las costillas. Dijo que sus lesiones indicaban que ella no se había preparado para el impacto, ya que en ninguno de los huesos de sus brazos y piernas estaban fracturados.

Cuando Cindy Lawson la fue a visitar al hospital, Amy tenía los ojos muy abiertos. La evangelista dijo que pudo ver los demonios en la paciente. Una amiga de Amy que estaba presente en ese momento le dijo que Cindy estaba ahí para rezar por ella.

Según las palabras de la misma Cindy, dice que la respuesta de Amy, o de algo dentro de ella, fue un gruñido.

"¿Por qué estás aquí?", le gruñó Amy. Cindy sacó un aceite de unción que llevó precisamente para ese momento y lo untó en la frente de Amy mientras decía "Señor, en el nombre de Jesús, ordeno que estos demonios liberen a esta mujer y salgan de ella y que esta mujer recupere la cordura, en el nombre de Jesús". Esas fueron las órdenes de Cindy.

En ese momento, la expresión facial de Amy cambió por completo. Cindy recuerda que en ese momento fue como si el espíritu del Señor cayera en la habitación.

Amy Stamatis tuvo que confrontar sus conocimientos médicos y científicos con su experiencia personal. A pesar de ser una enfermera, ella está segura de que fue poseída por un demonio. Antes de su caída y de que la exorcizaran, Amy había sido diagnosticada con un extraño desbalance químico llamado porfiria, cuyos síntomas son convulsiones, dolor abdominal, disolución del sistema nervioso y confusión mental.

. . .

La misma Amy dice que en el mundo médico tienen que ponerles un nombre a estos casos, ya que no lo comprenden completamente porque nunca ha lidiado con este tipo de demonios. "¿Cómo puede ser posible que combatan algo con lo que no saben cómo pelear, algo que no comprenden?".

Cindy Lawson estuvo de acuerdo con ella. "Si la mayoría de las personas supieran que es cosa de una posesión demoniaca, ellos buscarían la ayuda adecuada. Pero es muy difícil convencer a las personas de lo que sucede".

Esto se debe a que la mayoría de las personas se dejan influenciar por lo que han visto en las películas donde las posesiones demoniacas se dramatizan hasta ese punto. En realidad, la forma más común de influencia demoniaca es la tentación, algo muy diferente a ver cuerpos vomitando e ir escalando paredes. La mayoría de los casos se deben a una opresión demoniaca y no tanto a una posesión. Y, ya que esta operación es algo ordinario, se trata de con prácticas católicas ordinarias, es decir, sacramentos, bendiciones y oraciones.

Los exorcismos católicos están reservados para los sacerdotes ordenados, pero para Cindy Lawson, cualquier seguidor de Jesús que haya sido llenado con el espíritu de Dios puede expulsar a los demonios. Ella dice que su primer ritual lo realizó en un niño de 9 años y que incluso él llegó a levitar en algún punto. También dice que ha visto a otras personas echar espuma por la boca y cambiar el color de sus ojos. De los síntomas más aterradores, según ella, es cuando hablan con voces demoniacas. "Al inicio no es nada placentero, era bastante aterrador. Pero es el llamado que Dios me dio".

Por su parte, Amy Stamatis dice que no recuerda nada del momento de su exorcismo, pero sus familiares vieron un cambio inmediato en ella justo después del ritual realizado por Cindy. Amy ahora se encuentra mentalmente estable y, espiritualmente, está mejor que nunca.

En su último testimonio al respecto, ella dijo que, como enfermera, ella no hubiera creído en este suceso si no le hubiera pasado a ella, que hubiera creído que es algo de los tiempos antiguos en los que en no se había desarrollado tanto la ciencia, pero en realidad es una mentira porque ella lo vivió en carne propia.

10

Los siete muertos en Panamá

A INICIOS DEL AÑO 2020, se encontraron los cuerpos de siete personas después de haber realizado un exorcismo. Se encontraron en una fosa clandestina o tumba masiva en un área indígena de Panamá. Estas personas eran miembros de una secta religiosa que, según reportaron los testigos, realizaban exorcismos. Esta historia verídica se puede encontrar en las noticias y periódicos de todo el mundo, incluyendo la BBC.

Los cuerpos que se encontraron eran de una mujer embarazada de alrededor de 32 años de edad, identificada como Bellin Flores, y cinco de sus hijos que iban desde el año hasta los 10 años de edad. La sexta víctima era un vecino de 17 años.

. . .

Esto sucedió después de que se encontrara la tumba luego de que habitantes de la aldea cercana llamada Alto Terrón los guiaran al lugar. Esto fue gracias a que tres aldeanos lograron escapar de la comunidad indígena de Ngäbe-Buglé, y pudieron llegar al hospital local. Habían sido torturadas por los supuestos sacerdotes, quienes les quemaron la boca y la lengua porque, supuestamente, no querían creer en la palabra de Dios. Gracias a ellos, se pudo alertar a las autoridades del secuestro de varias familias por la secta religiosa llamada "La Luz del Mundo". Se cree que la secta llevaba operando en la zona por alrededor de tres meses.

Después del aviso de los actos peligrosos de esa secta, la policía organizó una redada en la comunidad, localizada en la región selvática al noroeste de Panamá, a unos 250 kilómetros de la ciudad capital. Los policías que estuvieron presentes en la redada atestiguan que las personas de la comunidad estaban realizando un ritual dentro de la estructura incompleta de una iglesia. Dentro de esa estructura, había personas que estaban amarradas en contra de su voluntad y las estaban torturando. Según las investigaciones, estas personas estaban realizando los ritos con el objetivo de matar a esas personas si no se arrepentirán de sus pecados.

. . .

Dentro de la iglesia, los oficiales de policía encontraron a una mujer desnuda, machetes, cuchillos y una cabra que había sido sacrificada según el ritual, supuestamente cristiano. Cabe mencionar que, en ningún ritual religioso católico, ni siquiera en los de exorcismos, se requiere el sacrificio de animales o personas. Cómo podemos deducir y por lo que se ha leído en las historias anteriores de este libro, los verdaderos exorcismos no requieren de sacrificios animales, por lo que se puede sospechar que era todo lo contrario a un exorcismo. Es decir, que las personas de la secta podrían haber estado poseídas o influenciadas por fuerzas malignas.

Según los reportes policiacos, el secuestro y la tortura habían comenzado desde el sábado anterior después de que uno de los miembros de la secta dijo haber recibido "un mensaje de Dios". Por esa razón, los demás miembros secuestraron a las víctimas de sus casas, las golpearon y las mataron.

Así es como arrestaron a diez personas bajo la sospecha de asesinato y pudieron liberará a las quince personas que eran retenidas en contra de su voluntad, entre las que se encontraban, al menos, dos mujeres embarazadas y algunos niños. Las quince personas liberadas tenían heridas en todo el cuerpo.

Entre los sospechosos estaba el padre de la mujer embarazada asesinada que se encontró en la tumba masiva, localizada a 2 kilómetros de la iglesia.

A pesar de que los miembros de la secta supuestamente estaban realizando un exorcismo, por lo brutal del acto y por la falta de artículos religiosos católicos típicos de un ritual como éste, como serían el agua bendita, la Biblia y sacerdotes ordenados, se puede sospechar que los miembros de la secta, en vez de favorecer a Jesucristo, podían estar poseídos o influenciados por los demonios para cometer estos terribles actos. No es extraño que las personas poseídas o influenciadas por el maligno usan el nombre de Dios en vano.

11

El padre italiano que enfrenta a los demonios

Si existe alguna persona en este mundo que sepa sobre posesiones demoniacas, es el Padre Vincenzo Taraborelli, un sacerdote de la iglesia católica que se especializa en los exorcismos. El Padre lleva más de 30 años de experiencia realizando exorcismos, este rito católico para expulsar a los seres malignos.

Su trabajo comenzó durante sus años cincuenta cuando un compañero sacerdote necesitaba ayuda para realizar un exorcismo. El Padre Vincenzo dice que, en ese momento, no sabía lo que era un exorcismo, ya que no había estudiado nada al respecto, por lo que su compañero le tuvo que decir todo lo que tenía que hacer. A partir de ese momento, el Padre se ha vuelto uno de los exorcistas más ocupados de toda Roma.

Hoy en día, el Padre trabaja tres días a la semana desde una habitación sin ventanas en la parte de atrás de su iglesia cerca del Vaticano. En los días más ocupados, puede llegar a atender hasta 30 personas diarias.

El Padre sabe bien lo que hace, puesto que, como es de esperar, muchas personas, en vez de padecer una posesión demoniaca, sufren algún trastorno mental o enfermedad de algún tipo. Los síntomas pueden ser similares ya que incluyen visiones, convulsiones y confusión mental, pero no se puede negar que ambas son una posibilidad. Por esta razón, el Padre Vincenzo les pide a las personas que vean a un psiquiatra o un psicólogo antes de realizar un exorcismo y les pide que le lleven la prognosis. Igualmente, muchos psicólogos y psiquiatras le mandan a sus pacientes cuando sospechan que hay algo más que problemas mentales.

Ciertamente, no es un trabajo fácil. Este hombre tiene que ver personas posiblemente poseídas cada semana. En la habitación en la que trabajaba, tiene una repisa llena de estatuas de ángeles para protegerlo. En un cajón, tiene dulces para entregarle a los visitantes, lo que demuestra su espíritu bondadoso. En el escritorio tienes papeles, fotografías y libros de oración. Él se sienta en una silla y el visitante se sienta frente a él.

Entre la pila de papeles de su escritorio, también se encuentra una cruz, la cual utiliza para expulsar a los espíritus malignos. También guarda en su escritorio una copia de los ritos de exorcismo de la Iglesia Católica. Pero, si algo requiere el Padre para demostrar su experiencia, en la pared tiene un documento oficial que demuestra su título como exorcista.

Lo primero que hace cuando llega una persona es alistar la habitación y, si la persona no se encuentra muy bien, el Padre intenta tranquilizarla y luego le pide que recen juntos. No obstante, según sus propias palabras, muchas de las personas que llegan a él ya están bastante alteradas.

Uno de sus casos más notables es el de una mujer que atendió por trece años consecutivos. La mujer estaba poseída debido a que otro hombre que no era su marido la deseaba. Ese hombre era un satanista. La mujer lo rechazó, por lo que el hombre le dijo que pagaría por eso y comenzó a realizar hechizos dos veces por semana para atraerla. Fue entonces cuando la mujer y su marido acudieron al Padre Vincenzo.

Todo ocurrió en esa pequeña habitación. El Padre comenzó a rezar por la mujer y ella entró en trance.

En ese momento, ella comenzó a gritar insultos y blasfemias. Ahí es cuando el Padre estaba seguro de que la mujer estaba poseída.

Mientras continuaba con el rito del exorcismo, la mujer comenzó a sentirse cada vez peor. Luego, cuando el Padre le dijo al demonio que la poseía, "en el nombre de Jesús, ordeno que te vayas", ella comenzó a vomitar pequeños alfileres de metal, cinco alfileres cada vez que vomitaba. Además de los alfileres, ella también vomitaba cabello trenzado, pequeñas piedras y pedazos de madera.

El sacerdote reconoce que las personas suelen creer que las posesiones y los exorcismos son cosas fantasiosas y que este tipo de anécdotas parecen inventadas, pero, asegura, es un hecho completamente real y posible en este mundo.

Los creyentes saben que Dios existe, así como los demonios. Es algo que se puede leer en la Biblia. Los miembros de la iglesia, incluyendo al Padre Vincenzo, rechazan el escepticismo y creen que la época actual está repleta de maldad, que nunca antes se habían visto tantos actos violentos que son inhumanos.

. . .

Tal es la abundancia de las posesiones y la influencia maligna que el teléfono del Padre Vincenzo Taraborelli suena constantemente. Por desgracia, no hay muchos sacerdotes jóvenes dispuestos a seguir con esta misión porque tienen miedo, así es, incluso ellos tienen miedo en estos tiempos tan difíciles.

12

La familia poseída en Indiana

El principal testigo de esta historia es el oficial de policía, el Capitán Charles Austin, quien presenció la historia de tres niños y su madre que fueron poseídos por demonios.

Todo sucedió en Gary, Indianápolis, donde vivía Latoya Ammons y su familia. Al igual que muchos, el oficial de policía creía que la mujer estaba inventando una historia bastante elaborada para ganar dinero, pero, al final de los hechos que ahora narraremos, el policía ahora se declara un creyente. Incluso hoy en día, varios de los familiares de Latoya todavía dicen que la historia es demasiado fantasiosa para ser real, al igual que muchos lectores de los periódicos en los que se publicó la noticia.

. . .

El caso de Latoya y sus hijos ha sido uno de los más espeluznantes que han manejado en Servicios Infantiles. Ya fuera una posesión demoniaca o una ilusión sistemática, muchos de estos eventos fueron registrados en los registros oficiales y llevaron a más de una docena de entrevistas con la policía, psicólogos, personal de Servicios Infantiles, familiares y sacerdotes católicos.

Todo comenzó en noviembre del 2011 cuando la familia Ammons se trasladó a una casa rentada en Gary, Indianápolis, en una calle silenciosa con pequeñas casas de un piso. Todo parecía bastante tranquilo y normal hasta que, de repente, unas enormes moscas negras inundaron su pórtico en diciembre de ese mismo año. Este hecho resultaba bastante extraño debido al frío invierno en el que no suele haber insectos tan activos. La madre de Latoya, Rosa Campbell, recuerda que mataron a decenas de moscas, pero cada vez eran más y más.

Otro acontecimiento perturbador fue cuando, en varias ocasiones, madre e hija decían haber escuchado, después de medianoche, golpes secos o pasos en las escaleras de sótano. Luego de esos sonidos se escuchaba el crujir de una puerta que se abría hacia la cocina. Sin embargo, a pesar de todas las veces que revisaron y cerraron la puerta, nunca veían a nadie y los ruidos continuaban.

Rosa recuerda que una noche se despertó y vio la silueta de un hombre que se paseaba por la sala. Ella se levantó de la cama para investigar y descubrió que había huellas mojadas de botas.

En marzo del año siguiente, la situación empeoró. Cerca de las 2 de la mañana, toda la familia se encontraba despierta velando la muerte de un ser amado con un grupo de amigos. Por lo general, a esa hora se encontraban dormidos. En ese momento, Latoya, que se encontraba en el cuarto de su madre, asustó a todo el mundo al llamar gritando a su madre.

Rosa corrió hacia a la habitación en la que se quedaban ella, una amiga y su nieta de 12 años de edad. La madre y la abuela presenciaron el momento en el que la pequeña levitaba, en consciente, sobre su cama. A pesar del terror, varias de las personas presentes en la casa rodearon a la niña y rezaron. Nadie sabía muy bien lo que estaba pasando en ese momento. Poco a poco, la niña fue descendiendo hasta quedar en su cama. Cuando despertó, ella no recordaba nada de lo que había pasado.

Por supuesto, las personas que estaban de visita en ese momento no quisieron regresar.

A partir de ese suceso decidieron buscar ayuda.

Comenzaron a preguntar en iglesias locales buscando a una persona que supiera lidiar con ese hecho sobrenatural. Sin embargo, la mayoría de las iglesias se rehusaron a escucharlas.

Finalmente, los oficiales de una iglesia le dijeron que esa casa tenía espíritus. La recomendación fue limpiar la casa con cloro y amoníaco y luego utilizar aceite para dibujar cruces en cada puerta y ventanas. Según las instrucciones de la iglesia, Latoya también puso aceite de oliva en las manos y los pies de sus hijos y dibujó una cruz con aceite en sus frentes. Las mujeres también bajaron con dos clarividentes que le dijeron que la casa estaba poseída por más de 200 demonios. La familia, de religión cristiana, les creyó.

A pesar de que la recomendación de los clarividentes era que se mudaran, la familia no podía mudarse debido a sus problemas económicos. Así pues, siguiendo las instrucciones, Latoya erigió un altar en el sótano. Colocó un mantel blanco sobre la mesa, y luego encima puso una vela blanca y la estatua de María y José con el niño Jesús. Igualmente, colocó la Biblia abierta en el salmo 91.

Según el consejo de otro clarividente, también quemaron salvia y sulfuro en toda la casa, comenzando desde la parte superior. El humo era tan denso que apenas podía respirar. Dibujaron una luz con el humo y la persona que las acompañaba leyó el salmo 91 mientras pasaban por toda la casa.

Latoya dice que nada raro ocurrió por tres días y, luego, todo empeoró. Los demonios poseyeron a Latoya y a sus tres hijos de 7, 9 y 12 años de edad. Según atestiguaron la madre y la abuela, cada vez que ocurría, los ojos de los niños se hinchaban, ponían unas sonrisas malévolas y sus voces se hacían más profundas.

Rosa, la abuela, dice que los demonios no llegaron a hacerle nada porque ella había nacido con protección contra el demonio. Que tenía un guardián que la protegía.

Latoya, por su parte, decía que sentía debilidad, mareos y calidez cuando estaba poseída. Su cuerpo se sacudía y sentía que no tenía control. El niño más joven se sentó en un armario y hablaba con un niño que nadie más podía ver. El otro niño describía lo que se sentía ser asesinado.

. . .

Rosa contó que el niño más pequeño una vez salió volando del baño, como si algo lo hubiera aventado. En otra ocasión, la cabecera de una cama golpeó la frente de la niña, provocando una herida que requirió sutura.

La niña de 12 años, luego del evento, les contó a los médicos que ella a veces sentía como que alguien o algo la ahorcaba y la sostenía para que no pudiera hablar ni moverse. Dijo haber escuchado una voz que le decía que nunca más vería a su familia y que no viviría más.

Algunas noches eran tan horribles que tenían que salir de la casa y dormir en un hotel.

En la desesperación, la familia por fin acudió a su médico familiar, el Dr. Geoffrey Onyeukwu. Después de haberle contado todos los sucesos, el médico visitó la casa y dijo haber sentido miedo cuando entró. En sus notas médicas, el médico escribió que la mujer sufría de alucinaciones.Lo que sucedió después, también fue registrado en el reporte del encargado de Servicios Infantiles que visitó a la familia.

. . .

Rosa dice que los hijos de Latoya maldijeron al médico con voces demoniacas, enfurecidos y gritando. El personal médico del hospital dice haber visto al niño más joven elevarse y ser aventado hacia la pared sin que nadie lo hubiera tocado. Eso se registró en el reporte literalmente.

Luego de eso, los niños se desmayaron abruptamente y no reaccionaban. Las mujeres sostuvieron a los niños en sus brazos mientras alguien de la oficina del médico llamaba a emergencias. Llegaron varios policías y ambulancias.

Nadie sabía qué sucedía exactamente. En las ambulancias se llevaron a los niños al Hospital Metodista. Todos se rieron de Latoya cuando ella quiso poner aceite de oliva en la frente de sus hijos.

Ya que no le permitían hablar con sus hijos, comenzó a rezar. Los niños despertaron luego en el hospital. El de 9 años actuaba de forma racional, pero el más pequeño gritaba y peleaba. Ahí fue cuando llamaron a Servicios Infantiles para investigar a Latoya de abuso infantil y deficiencia.

. . .

Según el reporte, la persona que llamó dijo que sospechaba que Latoya tenía una enfermedad mental, que los niños estaban montando un acto para la madre y ella los estaba alentando.

Servicios Infantiles asignó el caso a Valerie Washington, quien llevó a cabo la investigación inicial. Según su reporte, no se encontraron marcas de moretones ni de golpes en los niños, quienes se encontraban saludables; asimismo, después de una evaluación psiquiátrica, se determinó que Latoya Ammons no padecía de trastornos ni enfermedades mentales.

Así pues, Valerie entrevistó a la familia en el hospital.

Mientras hablaba con Latoya, el niño de siete años comenzó a gruñir y a mostrar sus dientes, sus ojos se pusieron en blanco y luego puso sus manos alrededor de la garganta de su hermano mayor y no lo soltó hasta que los adultos pudieron abrir sus manos.

Esa misma tarde, Valerie y la enfermera Willie Lee Walker llevaron a los dos niños a otra habitación para entrevistarnos junto con su abuela, Rosa.

El niño de siete años se quedó viendo a los ojos de su hermano y comenzó a gruñir una vez más. "Es momento de morir", decía el niño con una voz profunda y poco natural, "te voy a matar".

Mientras el niño pequeño hablaba, el otro hermano comenzó a golpear su cabeza contra el estómago de la abuela. Ella agarró las manos de su nieto y comenzó a rezar. A continuación, de acuerdo con el reporte oficial y corroborado por todos los presentes, el niño de nueve años puso una sonrisa extraña y caminó hacia atrás en la pared hasta el techo. Luego, saltó sobre la abuela y aterrizó sobre sus pies. Todo eso sin soltar las manos de su abuela.

Cuando la policía le preguntó a Valerie si el niño había corrido sobre la pared, como realizando un truco acrobático, ella contestó que el niño había flotado hacia atrás, sobre el piso, pared y techo. Le dijo a la policía que tenía mucho miedo cuando sucedió y salió corriendo de la habitación junto con la enfermera. La enfermera comentó que nadie sabía lo que había ocurrido exactamente, qué había sido una locura.

. . .

Cuando las mujeres se lo comentaron a un doctor, este no les creyó y le pidió al niño que volviera a caminar sobre la pared. La enfermera le dijo al doctor que dudaba de que el niño pudiera repetir ese acto, ya que, además, el niño no estaba en sí cuando sucedió. El niño dijo que no recordaba nada de lo que había ocurrido y que no podía hacerlo.

La enfermera, una creyente de los espíritus y los demonios, creyó que el comportamiento del niño tenía que ver con una posesión demoniaca y también con una enfermedad mental. La agente de Servicios Infantiles escribió en su reporte que creía que podía haber una influencia maligna afectando a la familia.

La Madre pasó la noche en el hospital con su hijo de siete años, mientras que la abuela y los otros dos niños fueron a casa de unos familiares. Al día siguiente era el cumpleaños del niño más pequeño y lo celebraron en el hospital la madre y los dos niños. Luego de eso, Valerie les dijo que los niños no podían volver a casa porque Servicios Infantiles iba a tomar la custodia de ellos.

"Todos los niños estaban experimentando de malestar espiritual y emocional", escribió la agente en su reporte.

Luego de estos acontecimientos, el capellán del hospital llamó al Reverendo Michael Maignot, quien le pidió que realizara un exorcismo al hijo de 9 años de Latoya Ammons. El sacerdote estuvo de acuerdo y accedió a realizar una entrevista con la familia varios días después. El primer paso era, según el sacerdote, descartar las posibles causas naturales de lo que estaba experimentando la familia. Así pues, visitó la casa de la familia.

Latoya y Rosa estuvieron detallando los fenómenos ocurridos durante dos horas. Rosa interrumpió la entrevista para apuntar la luz del baño que titilaba en ese momento. El titilar se detenía cada vez que el sacerdote se acercaba para investigar, lo cual atribuyó a una presencia demoniaca. Pensó que se debía a que le tenía miedo. Rosa interrumpió la entrevista una vez más para apuntar a las persianas de la cocina que se balanceaba, aunque no había nada de aire. El Reverendo dice también haber visto huellas húmedas en la sala.

Latoya se quejó de un dolor de cabeza y se puso convulsionar cuando el Reverendo le colocó un crucifijo en la cabeza. Después de cuatro horas de entrevista, el Padre estaba convencido de que la familia estaba siendo atormentada por varios demonios.

· · ·

Antes de irse, el Reverendo bendijo la casa orando, leyendo la Biblia y rociando agua bendita en cada habitación. Alentó a las mujeres a que dejaran la casa y que debieran temporalmente con algunos familiares.

Sin embargo, menos de una semana después, las mujeres volvieron a la casa para que el agente de Servicios Infantiles pudiera revisar las condiciones del hogar. Las mujeres fueron acompañadas por un oficial de policía como ellas pidieron, y se les unieron otros dos que tenían curiosidad. El Capitán Charles Austin fue uno de estos policías.

Rosa, quien acompañó a los oficiales dentro de la casa, les dijo que los demonios parecían emanar de debajo de las escaleras de sótano, donde no había concreto, parecía que lo habían arrancado, y sólo había piso de tierra.

Durante la entrevista con la abuela, una de las grabadoras de los oficiales dejó de funcionar, a pesar de que ya habían puesto baterías nuevas. El otro oficial grabó la entrevista y, cuando la volvieron a escuchar, dicen haber escuchado una voz desconocida que susurraba "hey".

. . .

Ese mismo policía también tomó fotos de la casa. En una de las fotos de las escaleras de sótano se veía una imagen borrosa en la esquina superior derecha. Cuando se analizó la foto, la mancha borrosa tenía un parecido con un rostro y también se reveló una segunda imagen verde que parecía ser una mujer. El Capitán Austin dijo que en las fotografías que había tomado con su teléfono también aparecían extrañas siluetas. Además, la radio de la patrulla tampoco funcionó bien en el camino de regreso.

Cuando el Capitán Austin volvía a su casa después de ese día de trabajo, dice haber o que el asiento del copiloto de su auto personal comenzó a moverse hacia adelante y hacia atrás, a pesar de que nadie lo estaba moviendo. Cuando los mecánicos revisaron el auto o le dijeron que el motor del asiento se había roto. Sin embargo, el oficial comenzó a creer en los hechos paranormales de la familia.

Tiempo después, servicios infantiles descubrió que Latoya no cumplía con la educación de sus hijos por no mandarlos regularmente a la escuela. La madre comentó que a veces no podían mandar a sus hijos a la escuela porque los espíritus los hacían enfermar o que los mantenían despiertos toda la noche.

. . .

Así pues, la agente mandó a la niña y al hijo mayor a un hogar temporal en Chicago, mientras que mandaba al hijo menor a revisión psiquiátrica.

La psicóloga Stacy Wright dijo que el niño atendía a actuar como poseído cuando se le retaba, regañaba o se le hacían preguntas que él no quería contestar. En su reporte clínico, Stacy escribió que el niño actuaba de forma coherente y lógica, excepto cuando hablaba de demonios, ahí era cuando las historias se volvían extrañas, fragmentadas e ilógicas. Sus historias cambiaban cada vez que las contaba. También cambiaba del tema y hacía preguntas a la psicóloga. Por esta razón, ella creía que el niño no sufría de un trastorno psicótico. Su conclusión fue que el niño había sido inducido a un sistema delirante perpetuado por su madre y reforzado por otros familiares.

Los psicólogos que examinaron a los otros dos hijos llegaron a una conclusión similar y pidieron analizar la influencia de las preocupaciones de la madre sobre las experiencias paranormales. La niña le dijo al psicólogo que vio sombras en su casa y que había entrado en trance en dos ocasiones. El niño mayor dijo que las puertas se azotaban y que las cosas se movían por sí solas.

. . .

Latoya también fue examinada por varios psicólogos que dijeron que estaba a la defensiva, pero no parecía experimentar síntomas de psicosis o trastornos del pensamiento.

Uno de los psicólogos recomendó que fuera examinada para determinar si su religiosidad podía estar disfrazando trastornos de percepción y delirios. Aun así, toda la familia insistía en que habían sido poseídos por demonios.

Los requisitos de Servicios Infantiles fueron que los niños no hablaran de demonios o posesiones y que asumieran la responsabilidad de sus acciones, también tenían que acudir a terapia. A la madre se le indicó que usara formas alternativas para disciplinar a sus hijos que no tuvieran que ver con religión y posesiones. Todo esto se revisaría en las visitas supervisadas con los niños. Latoya también debía encontrar un trabajo y otra casa.

Mientras la familia trabajaba en todos estos requisitos, la policía y los oficiales de Servicios Infantiles siguieron investigando la casa. En esta ocasión, acudieron ambas señoras, los oficiales de policía de la última vez, el Reverendo, otros dos oficiales con un perro policía y otra agente de Servicios Infantiles. Samantha Ilic.

. . .

Los oficiales con el perro revisaron los alrededores, pero el perro no mostró interés en nada en particular. Los demás revisaron el sótano. La agente Samantha tocó un extraño líquido que vio gotear en el sótano, una sustancia pegajosa y resbalosa. El Reverendo pidió revisar la tierra bajo las escaleras para buscar evidencias de presencia demoniaca, objetos malditos o algún entierro. Uno de los oficiales cavo un agujero bajó las escaleras y desenterraron una uña postiza rosa, unos calzones blancos, un botón de campaña política, la tapa de un sartén, unos calcetines con los talones recortados, envolturas de caramelo y un objeto pesado de metal que parecía una pesa.

Al no encontrar nada más, los oficiales rellenaron el agujero.

El Reverendo bendijo algo de sal y la esparció bajo las escaleras y en todo el sótano. Luego, la agente Samantha, cuando estaba en la sala con el resto del grupo, sintió que su dedo meñique comenzó a cosquillear y palidecer, como si se hubiera fracturado. En menos de diez minutos, la mujer comenzó a sentir un ataque de pánico, no podía respirar, por lo que salió de la casa a esperar al grupo. Cuando el sacerdote comenzó a interrogar a Latoya dentro de la casa, ella se quejó de dolor de cabeza y en el hombro, por lo que también salió de la casa.

El Capitán Austin no quería quedarse en la casa después de que hubiera oscurecido, por lo que también salió. Los otros oficiales siguieron revisando y encontraron una sustancia aceitosa que goteaba de las persianas en la habitación, pero no sabía de dónde venía esa sustancia.

Para asegurarse de que Rosa o Latoya no hubieran puesto aceite en las ventanas, los dos oficiales lo limpiaron con papel. Sin embargo, 25 minutos después, el aceite había vuelto a caer de las persianas. El sacerdote les dijo que ese líquido era una manifestación de presencias paranormales.

El Reverendo Maignot pidió permiso al obispo para realizar un exorcismo en la casa. Debido a que le negaron el permiso y después de haber contactado con otros sacerdotes que había realizado ya exorcismos, el Reverendo bendijo intensamente la casa para expulsar a los malos espíritus. Luego, realizó otro exorcismo menor en Rosa y Latoya. Dos policías y la agente Ilic acudieron al ritual.

A pesar de no creer en lo demoniaco, Samantha dice que tuvo escalofríos durante unas dos horas que duró el rito, como si algo los estuviera observando.

· · ·

Después de la visita a la casa, la agente sufrió varios accidentes entre los que se incluye una quemadura de tercer grado, se fracturas tres costillas, se fracturó una mano y luego se fracturó un tobillo.

El Reverendo le pidió a las señoras que buscaran los nombres de los demonios que las atormentaban. Por esta razón, las mujeres buscaron en internet los nombres de los demonios que representaban los problemas que había sufrido la familia. Tuvo problemas técnicos para encontrarlos, pero al final Latoya lo logró.

Después del pequeño exorcismo, el Obispo le dio permiso al Reverendo para exorcizar a Latoya. El ritual era más o menos el mismo, pero con el respaldo de la Iglesia Católica, lo que le daba más poder. Así pues, el sacerdote realizó tres exorcismos en la mujer, dos en inglés y uno en latín. El Reverendo sintió que su voz se hacía cada vez más fuerte y más poderosa hasta que los demonios se debilitaron. Dijo que podía saber qué tan poderoso era el demonio según las convulsiones de la mujer. Dos policías estuvieron presentes en caso de que fuera necesario restringida a Latoya. Ella rezó todo lo que pudo hasta que se volvió demasiado doloroso.

. . .

Latoya sentía que algo dentro de ella intentaba aferrarse y le causaba dolor al mismo tiempo. El dolor era tan intenso y era de adentro hacia afuera. Eventualmente, la mujer se quedó dormida. Tiempo después, se llevó a cabo el tercer y último exorcismo, en el que el Reverendo hizo sus oraciones en latín. Esta vez, otros sacerdotes estuvieron presentes y Latoya sufrió convulsiones mientras tanto. Esa fue la última vez que necesito la visita del sacerdote.

Ambas mujeres se mudaron a Indianápolis y la casa se volvió un objeto de curiosidad para los locales. No obstante, ya no se han presentado problemas en la casa después de que la familia Ammons se mudara.

Latoya recuperó la custodia de sus tres hijos en noviembre de 2012, aunque Servicios Infantiles siguió al tanto de la familia por unos meses más, asegurándose de que todo estuviera bien. Los niños dijeron sentirse a salvo después de haber dejado la casa y que nunca más volvieron a tener problemas de ese tipo.

13

El padre que se enfrentó a Lucifer

Esta es la historia del Padre Gabriele Amorth, fundador de la Asociación Internacional de Exorcistas en 1994, quien tuvo que enfrentarse a un joven poseído por el mismo Lucifer.

Este hecho ocurrió tres años después de fundar su asociación, cuando le llevaron a un joven pueblerino muy delgado. Las personas que lo acompañaban metieron al joven en la pequeña habitación en la que el Padre realizaba sus exorcismos en Roma. Esta habitación era pequeña y sin ventanas, lejos de las calles de Roma para que nadie pudiera escuchar los gritos de los poseídos. En las paredes había fotos de varios Santos que solían irritar los demonios.

. . .

Según las costumbres del Padre, utilizaba una silla con reposabrazos para los afligidos que estuvieran más tranquilos, en otros casos se requería utilizar una cama o una caja con cintas y cuerdas para atar a los pacientes más perturbados.

En el momento en el que los cuatro ministros escoltaron al paciente en la habitación, el experimentado sacerdote sintió que había una presencia maligna en esa persona.

Por precaución, el Padre siempre llevaba cargando dos crucifijos de madera, un contenedor para el agua bendita y otro para el aceite consagrado.

Sentaron al joven en la silla frente al Padre y éste comenzó a pedir la ayuda de Jesús. En ese momento, el joven hombre comenzó a maldecir y a escupir, sus palabras eran en inglés, un idioma que el joven no conocía pues su lengua natal era el italiano.

Maldecía y amenazaba solamente al exorcista, ignorando a todos los demás. Al mismo tiempo le escupía mientras tensaba todos los músculos, preparándose para atacar al sacerdote.

El demonio en su interior gritaba y aullaba con la voz del joven. Tenía la mirada fija en el Padre, era una mirada penetrante y sin parpadear. Chorreaba saliva de la boca del joven. Parecía que en cualquier momento iba a saltar sobre él.

El Padre Gabriele recurrió a sus armas religiosas y siguió rezando, además de realizar otras recitaciones propias del ritual del exorcismo. Para poder expulsar al demonio del cuerpo, exigió que el demonio revelara su nombre. "¡Espíritu impuro! Quién quiera que seas tú y todos tus compañeros que poseen este sirviente de Dios, te ordeno: dime tu nombre, el día y la hora de tu condenación".

La respuesta sorprendió a todos los presentes. El joven hombre fijó la mirada en el sacerdote y gruñó su respuesta: "Yo soy Lucifer".

Por supuesto, el Padre Gabriele no esperaba una respuesta tan aterradora. Sin embargo, estaba convencido de que tenía que seguir con el ritual durante todo el tiempo que fuera necesario, hasta que se quedara sin energías si hacía falta.

. . .

El Padre Gabriele siguió rezando, recitando los versos de liberación del Rito Romano de Exorcismo. Como respuesta, el demonio siguió gritando y chillando, haciendo que el joven poseído girara la cabeza hacia atrás y pusiera los ojos en blanco. Sorprendentemente, se quedó en esa posición por 15 minutos completos.

El exorcismo continuó. La habitación se volvió cada vez más fría, hasta que se formaron pequeños cristales de hielo en las ventanas y en las puertas. Ni siquiera el invierno más duro de Roma lograba dejar esos rastros helados.

El Padre Gabriele le siguió ordenando al demonio que abandonara al joven. En cierto punto, su cuerpo se puso rígido, completamente duro y, entonces, comenzó a levitar. El cuerpo permaneció en el aire por varios minutos, flotando sin que nada lo sostuviera hasta que finalmente, el hombre cayó a la silla una vez más.

Según comenta el Padre, los exorcismos pueden ser una simple oración hasta una completa expulsión de demonios con manifestaciones y síntomas espeluznantes que parecen sacados de una película.

. . .

No obstante, un exorcismo no suele ser un proceso de una sola ocasión, sino una práctica que se realiza regularmente en la persona, llegando a necesitar varios años según la gravedad del caso. Son raros los casos en los que la liberación se ha logrado en meses, y por lo general suelen durar 4 o 5 años.

Los ritos concluyeron por ese día, pero el Padre siguió visitando regularmente al hombre y rezaba con él hasta que ya no presentaba resistencia. Cuando por fin el hombre fue liberado por el demonio, comenzó a aullar y a gritar como nunca antes lo había hecho. Pero, cuando terminó, por fin sintió un gran alivio, volvía a sentir la luz y la paz en su interior.

El Padre Gabriele logró liberar a este hombre. Según sus propias palabras, el sacerdote se ha encontrado con muchas sorpresas durante sus años como exorcista. Uno de los recursos más utilizados por los demonios es escupir y siempre intentan atinarle al rostro del exorcista. Se requiere un poco de experiencia para defenderse a sí mismo, por lo que el Padre coloca un pañuelo o su mano frente a su rostro.

. . .

En otra ocasión, una persona poseída escupió y tres uñas se materializaron en su boca, sin saber de dónde provenían. A pesar de la gran variedad de formas con las que las personas terminan poseídas, el caso más frecuente, de acuerdo con el Padre, son los hechizos malignos.

Esto sucede cuando una persona se ve poseída por un ser maligno debido a que el demonio ha sido provocado por otra persona o la misma que acudió a Satanás para que hiciera algo por él o ella, o puede ser porque alguien actuó con falsedad satánica.

Los casos menos comunes, el 10 o 15% de las situaciones, suelen ser personas que han participado en prácticas ocultas como en sesiones espiritistas o sectas satánicas, o también pudieron haber contactado a magos y adivinos.

En uno de sus primeros exorcismos, el Padre Gabriele Amorth participó con el Reverendo Faustino Negrini en el exorcismo de una niña de 14 a años llamada Agnese Salomon. Durante una de las elecciones, el Reverendo le preguntó al demonio, "¿Por qué has poseído a esta niña?", y éste le contestó, "Porque ella es la mejor de toda la parroquia". El Reverendo Negrini pudo liberar a esta niña hasta que ella cumplió los 26 años.

El Padre Gabriele Amorth murió a los 91 años por una enfermedad pulmonar después de haber realizado muchas conferencias sobre exorcismos para que esta profesión fuera más conocida y más sacerdotes participarán, de modo que Dios llegara a cualquier parte y sin miedo alguno.

14

Posesión animal

S̲e̲ ̲s̲a̲b̲e̲ que las personas pueden ser poseídas, pero también se pueden encontrar registros de animales que han sido poseídos. Es posible que los espíritus malignos puedan adherirse a cualquier forma de vida e incluso a objetos animados. Se pueden encontrar casos documentados de perros, gatos, pájaros y hasta caballos que han sido poseídos por criaturas demoniacas y haciendo que incluso cambien de forma.

Dejando de lado la controversia sobre si los animales tienen alma y sentimientos o no, la verdad es que se sabe que los animales tienen una mejor percepción para cosas que no podemos ver y escuchar y pueden estar en sintonía con la actividad paranormal.

. . .

Por esta razón, muchas personas dicen que los animales pueden percibir la presencia de los espíritus. Es todo hace que nuestras adoradas mascotas se vuelvan una tentación para esos mismos espíritus malignos.

Por supuesto, el objetivo de esta posesión es utilizarlos como un medio para dañar a los seres humanos. Al igual que sucede con las personas, los animales pueden llegar a manifestar un comportamiento inusual, generalmente violento, o hacer que se multipliquen otros insectos o alimañas.

Ed Warren, uno de los más famosos investigadores de lo paranormal, que incluso ya hemos mencionado en otras historias de este libro, dijo que los casos de posesiones animales han sido documentados desde antes de la edad media.

En uno de esos casos más famosos con animales, ocurrido en Connecticut, llegó a encontrarse con un perro que, sin razón aparente y de un momento a otro, cambiaba de actitud y se volvía un perro increíblemente feroz. Sus ojos se tomaban oscuros como el carbón y le escurría saliva por montones del hocico.

. . .

En sus momentos tranquilos, era un perro cariñoso con su amo, pero, cuando se veía poseído, atacaba salvajemente a su amo y llegó a morderlo en varias ocasiones. Y dominar al terror puesto que tenía una fuerza increíble.

Sus dueños lo llevaron al veterinario para encontrar alguna enfermedad que causara su extraño comportamiento. Sin embargo, no le pudieron diagnosticar ninguna enfermedad, el perro parecía completamente sano.

Debido a que los ataques continuaron, los dueños del perro optaron por recurrir a un exorcista. Cuando el sacerdote realizaba el rito de exorcismo, todos los presentes vieron cómo el perro se ponía rígido, los ojos se le hinchaban, gruñía y se estremecía, como si sufriera de una convulsión. Al finalizar el exorcismo, el perro soltó un gemido que sonó demasiado sobrenatural. Ese momento le causó un escalofrío a todos los presentes. Sin embargo, a partir de ese momento, el perro no volvió a tener un comportamiento agresivo o poco natural.

En los registros de los Warren, también se encuentra la historia de un gato poseído que trató de matar a la mujer que lo adoptó.

La mujer se llevó el gato negro a casa sin saber qué había sido utilizado en rituales de magia negra, en los que se suelen utilizar animales de pelaje negro.

Cierta noche, la mujer se despertó al sentir algo sobre su pecho. Cuando abrió los ojos, el gato se encontraba sobre ella, mostrándole los colmillos, las orejas pegadas al cuello. El animal gruñía y le escupía en la garganta. Asqueroso como suena, la mujer comenzó a ahogarse. Sin poder respirar, pudo observar cómo una sombra rodeaba al gato.

Lo único que se le ocurrió a la mujer fue rezar tanto como pudo. El gato siseó y salió corriendo de la casa. La mujer nunca más volvió a ver al gato.

15

El sastre poseído

Esta historia se publicó en muchos periódicos del siglo XVIII. El Reverendo Robert William Wake mandó una carta al responsable de la gaceta de Bristol en 1788. En la carta contaba la historia de una posesión y exorcismo despertó una gran controversia entre la superstición y la salvación espiritual en una Inglaterra y que se desarrollaba con la época de la ilustración.

La carta contaba la historia de George Lukins, un sastre en el norte de Somerset. Las personas que lo conocieron decían que era un hombre de muy buen carácter, que era un fervoroso creyente y que acudía a la iglesia con tanta frecuencia.

. . .

Su trabajo era de sastre, aunque él prefería trabajar como actor en un grupo local que montaba obras del folklore y pastorelas para la iglesia local. Su vida era bastante normal hasta la Navidad de 1769.

Una noche, después de montar una obra para una casa local en Yaton que pertenecía al Sr. Love, todo el grupo decidió beber un trago con el anfitrión. Todos los actores y los presentes en la reunión bebieron demasiado esa noche. Cuando George intentó salir de casa de su anfitrión, cayó al suelo inconsciente. Al despertar, dijo que había caído no por lo borracho, sino porque algo o alguien lo había golpeado.

Al día siguiente, George esperaba sufrir solamente de una terrible resaca, pero sus síntomas eran mucho más que eso. Comenzó a sufrir de ataques que comenzaban con temblores violentos en su mano derecha que luego iban subiendo por su brazo hasta su rostro. Eventualmente, todo su cuerpo se estremecía con espasmos.

Durante esos ataques, comenzaba a gritar que él era el demonio y comenzaba a llamar a ciertos seres que estaban dedicados a su voluntad y les ordenaba que torturaran a esa pobre víctima con todo el poder que tuvieran.

Era como si George se hubiera vuelto loco, pero en realidad había sido poseído y el demonio hablara a través de su voz. Así es como comenzó este caso de posesión demoniaca.

Luego de eso, comenzaba a cantar canciones folclóricas con voces femeninas y masculinas, cantaba los himnos a Dios al revés y hacía ruidos animales como gruñidos y ladridos. Otro de sus síntomas era contorsionar su cuerpo en posiciones increíbles y arrojarse por la habitación como si algo o alguien más lo estuviera aventando.

Cuando escuchaba oraciones o expresiones religiosas, George gritaba de dolor y comenzaba a gritar blasfemias y groserías. Según varios registros de los testigos de estos ataques, varias personas dicen que parecía como si alguien más lo estuviera manipulando.

Sus ojos permanecían cerrados durante todo el ataque, aunque parecía estar lúcido y capaz de comprender a las personas que le hablaban. Igualmente era capaz de contestar preguntas durante estos momentos.

. . .

Al terminar su ataque, George gritaba que el demonio había concluido su ceremonia, pero que continuaba su resolución de castigarlo para siempre, así pues, después de demostrar su poder, dejaba que el paciente se recuperará de su influencia a pesar de estar débil y exhausto.

Estos ataques solían durar alrededor de una hora y podía llegar a sufrirlos hasta siete veces al día, cada día de la semana.

Debido a todas las lesiones que se causaba a sí mismo, varias personas de la iglesia le ayudaban para evitar que se lastimara a sí mismo, lo sostenían mientras intentaba arrojarse hacia las paredes y al piso.

George continuó con su vida como pudo, a veces quedando en cama por varios meses después de un ataque. Y luego pasaba varios meses sin sufrir de ataque.

Llegó a acudir a varios hospitales en los que no sufría de ningún tipo de ataque y simplemente lo diagnosticaron como hipocondriaco.

. . .

Al volver a casa, los ataques se repetían y podía llegar a pasar horas convulsionando violentamente, hablando y cantando con varias voces y maldiciendo.

Varios médicos fueron a visitarlo y le recetaron grandes dosis de láudano, un opioide que tranquilizaba, pero no surtió efecto. Debido a que necesitaba muchos cuidados, George terminó viviendo en varias casas, incluyendo la de su Hermano que lo cuidó y atendió.

Eventualmente, los ataques se fueron haciendo cada vez más y más esporádicos, hasta que parecían haber desaparecido. Sin embargo, en 1787, los ataques volvieron y se hizo evidente el diagnóstico. Según las palabras del mismo George, le dijo a los médicos y a los sacerdotes que había sido poseídos por siete demonios. Así pues, le pidió a los sacerdotes que lo visitaran siete Padres dispuestos a expulsar la presencia demoniaca.

En la primavera de 1788, George se fue a vivir a la casa del Reverendo Joseph Easterbrook, quien estaba convencido de la posesión de George y varios de sus fieles le habían pedido ayuda con este caso. El Reverendo cuidaba al enfermo durante esos ataques y trataba de analizar si de verdad se trataba de una posesión demoniaca.

Antes de llamar a cualquier grupo de sacerdotes, tenía que determinar si merecía la atención de la iglesia.

El Reverendo se reunió con otros sacerdotes de la región estuvieron de acuerdo que el problema de George Lukins era algo sobrenatural, pero no querían realizar ninguna oración para curarlo, es decir, que no realizarían ningún exorcismo.

Entonces, el Reverendo contactó a la iglesia anglicana y a uno de los fundadores del movimiento metodista. Así pues, se reunieron otros seis clérigos metodistas para participar en el ritual. Se reunieron en la iglesia de Bristol y prepararon todo lo necesario para el exorcismo.

El rito comenzó a las 11 de la mañana con los cánticos de algunos himnos apropiados para la ocasión. En poco tiempo, George comenzó a convulsionar de la forma ya conocida, sin embargo, sus convulsiones y movimientos se volvieron cada vez más fuertes. Uno de los reverendos le preguntó, en el nombre del Padre, del Hijo y del Espíritu Santo, "¿Quién eres?". No hubo respuesta. Hasta la tercera vez fue que contestó después de sonreír y dijo con una voz horrible, "Soy el Diablo".

· · ·

Cuando se le preguntó por qué atormentaba a ese hombre, su respuesta fue, "Para mostrar mi poder a los hombres".

Después de eso, George sufrió una terrible convulsión, por lo que lo retuvieron entre dos hombres que estaban ahí para ayudar a los Padres. El hombre comenzó a echar espuma por la boca, su cara se distorsionó en gestos que parecían imposibles y después de algunos movimientos violentos, habló con una voz profunda y vacía pidiéndole explicaciones a George y burlándose de él por pedir la ayuda de personas tan tontas, luego juró por su guarida infernal, que nunca soltaría a ese hombre y que lo torturaría mil veces peor.

La voz era bastante demoniaca y luego continuó cantando y blasfemando, hablando de su poder y jurando eterna venganza a todos los presentes, retándolos a oponerse. Luego ordenó a sus sirvientes que aparecieran y que tomaran sus puestos. Siguió maldiciendo y cambiando de voces mientras el hombre sufría en agonía.

De vez en cuando soltaba una risa terrible y otras veces hacía ruidos animales.

. . .

Los sacerdotes seguían rezando, mientras las voces en George cantaban el Te Deum al demonio. Los hombres rezaban y le instaban a repetir el nombre de Jesús. Uno de los reverendos ordenó varias veces al espíritu maligno que saliera del hombre, hasta que una voz dijo, "¿debería renunciar a mi poder?" y luego se escucharon terribles aullidos. Poco después se escuchó otra voz que decía, "Nuestro amo nos ha traicionado. ¿A dónde iremos?". A lo que contestaban otras voces dentro de George, "al infierno".

Tan pronto como terminó el conflicto de voces, George pudo hablar con su voz natural y decir "¡Bendito Jesús!". Se tranquilizó, alabó a Dios por su ayuda y se puso a recitar uno de los salmos.

Después de 18 años sufriendo de la posesión demoniaca, George Lukins por fin fue liberado.

16

Un cruel exorcismo

Este es uno de los casos más horribles que han sido registrados y reportados en los periódicos debido a todos los aspectos y tratos crueles que sufrió la víctima, de tan solo 11 años de edad. Su nombre era Rosa María Gonzálvez, una niña inocente y alegre, ignorante de las crueldades del mundo. Esta historia real demuestra que el malo no siempre es al que señalan y que incluso quien dice ser un elegido de Dios puede ser todo lo contrario, ya que se sabe que los seres malignos gustan de profanar y perjurar en nombre de lo sagrado.

Todo ocurrió en el año de 1990 en Almansa, en Albacete, España, y el caso de este exorcismo fue tan grave, que la pequeña murió durante el rito religioso, que, aunque realizado en nombre de Dios, tiene una realidad tan perturbadora que parece más bien realizado en el nombre del demonio.

Almansa, una pequeña región al sureste de España, era conocida por su fabricación de zapatos y por la cantidad de curanderos que había. Hoy en día, por desgracia, es conocida por este terrible caso real. La historia fue publicada en varios periódicos y sacudió a toda la sociedad española de la época.

Los curanderos de ese entonces, hace apenas 30 años, se dedicaban a sanar a las personas enfermas y afligidas por medio de brebajes y con la imposición de las manos. Decían que podían llegar a curar toda clase de enfermedad, incluso cáncer y peores situaciones como una posesión demoniaca. Todo eso por unas cuantas pesetas.

La madre de Rosa María, Rosa Gonzálvez Fito, era una de esas curanderas y tenía ya cierta fama por sus habilidades, por lo que recibía a pacientes de toda la región española, quienes acudían a ella en busca de un remedio para sus males. Su fama era tal que se ganó el apodo de "La curandera", "Miradora", "Sanadora" o "Hermana de la luz" entre todos los curanderos del pueblo.

. . .

Le iba muy bien, aunque a casi todos los sanadores del pueblo no les iba mal.

Rosa Gonzálvez había aprendido su profesión con un sanador, antes trabajador en la fábrica de zapatos, de nombre Enrique. A lo largo de sus enseñanzas, Rosa se convenció de que Dios mismo le había destinado el camino de la curación.

La madre era tan exitosa como curandera que incluso su esposo, Jesús, el padre de Rosa María, renunció a su trabajo como zapatero para ayudarle en su negocio de curaciones que tenía lugar en la planta baja de su propia casa. Además de sanar a las personas, principalmente con la imposición de las manos, también realizaba amarres y otro tipo de rituales y servicios de lo que ahora se conoce como brujería.

Rosa tenía conocimientos sobre las propiedades médicas de las hierbas que recogía en el campo, así que las aprovechaba para realizar pociones, empastes, masajes e incluso para entrar en estado de trance cuando requería visiones del más allá. Esto le ayudó a ganar fama y a ganar cada vez más ganancias.

· · ·

Con el tiempo, la hermana menor de Rosa, Ana, también se volvió curandera y comenzaron a atender juntas el negocio familiar, aunque era Rosa la que tenía más conocimientos y sanaba a más personas. El negocio cada vez se volvió más popular entre los habitantes.

Una vecina de Rosa, María de los Ángeles Rodríguez Espinilla, acudió a Rosa para una consulta y curación. Después de avisarle a María de los Ángeles que su marido, Martín, estaba poseído por un demonio, las vecinas se volvieron muy amigas, ya que la Sanadora la había curado de todos sus males. María de los Ángeles se obsesionó tanto con Rosa que dejó de frecuentar a su esposo y ya no hacía tanto caso a sus dos hijos. En su lugar, se la pasaba con las hermanas sanadoras, en especial con Rosa.

Con el tiempo, la relación entre Rosa y María de los Ángeles superó las barreras de la amistad y comenzaron a realizar sesiones espiritistas juntas, en las que realizaban hechizos y rituales en un cuarto privado. También se dice que llegaron a volverse amantes.

Eventualmente, la hermana de María de los Ángeles, María Mercedes, también acudió a las hermanas sanadoras y así fueron los dos pares de hermanas quienes ayudaban al público con sus sanaciones. Todas recurrían a los hechizos y rituales y se unieron en amistad.

Una noche, las cuatro mujeres asistieron a la casa de María de los Ángeles. Rosa, gracias a su conocimiento sobre hierbas, recurrió a una hierba que se utilizaba para inhibir la voluntad, causar alucinaciones y pérdida de memoria, para así poder influenciar en los pensamientos y acciones de las personas. Las cuatro mujeres celebraron una ceremonia con esa hierba durante toda la noche, en la que sufrieron estados de trance y éxtasis.

En cierto punto, Rosa comenzó a hablar y a cantar con una voz grave que no parecía la suya, diciendo que San Jerónimo hablaba a través de ella. Afirmaba que ella era la herramienta de Dios y que tenía que liberar al mundo del mal.

A la mañana siguiente, las mujeres fueron por más hierbas y se reunieron en casa de Rosa para seguir con la ceremonia. Rosa y María de los Ángeles tuvieron una revelación en la que decían ser la reencarnación de Jesucristo y de la Virgen María. Después de eso, perdieron todo el control.

En algún punto, Ana se marcó porque estaba asustada por la actitud de su hermana y vecinas.

Mientras tanto, las mujeres cayeron en un estado de trance que iba más allá de los límites humanos. En ese momento, todo se volvió caótico. Rompieron muebles y espejos, perdieron el control de sus cuerpos y acabaron orinando, defecando y vomitando en ellas mismas. Luego de eso se echaban lociones y jabones en el baño. Caminaban sobre el revoltijo de deshechos y vidrios rotos. Esas acciones se volvieron un ciclo que duró varias horas, sin que ninguna de las mujeres entrara en razón.

Se cree que en ese momento fue cuando las mujeres acabaron poseídas por algo que estaba más allá de su control.

Durante los dos días que duró la ceremonia de las mujeres, Rosa María, la hija de Rosa, estuvo presente en su casa. Al segundo día, llegaron también los hijos de María de los Ángeles. Los niños presenciaron el terrible estado en el que se encontraban sus familiares, sin que ellas tuvieran una noción razonable de lo que pasaba.

. . .

No se sabe si, en ese punto, las mujeres accedieron a un poder más allá y fueron ellas las que acabaron poseídas, puesto que una persona pura, capaz de realizar exorcismos, no cometería las terribles agresiones que dentro de poco realizarían estas mujeres.

Rosa dijo que eran los niños quienes estaban poseídos. De ser así, los niños tendrían una conducta fuera de lo normal y violenta, lo cual no era el caso. Sin embargo, Rosa, en el estado poseído en el que se encontraba, recurrió a realizar lo que ella creía que era un exorcismo. Introdujo los dedos en las gargantas de los niños y rasgó sus esófagos. Los niños vomitaron sangre por las heridas, no por una cuestión demoniaca.

Por suerte, Martín, en la noche, el padre de dos de los niños consiguió llevarse a sus hijos a casa, aunque su mujer, María de los Ángeles, no quiso salir de la casa. Por esa razón, las mujeres, al día siguiente, sellaron puertas y ventanas de la casa para evitar que alguna de ellas o la niña pudiera salir.

Para el tercer día de la ceremonia, las mujeres definitivamente estaban fuera de sus cabales. Ahí sucedió la tragedia.

Fueron por Rosa María y la llevaron al cuarto donde habían realizado la larga ceremonia. Para ese momento, la habitación ya no parecía lugar donde pudiera vivir un ser humano, emanaba un terrible olor y estaba en condiciones asquerosas, como si el mismo demonio hubiera pasado por ahí.

La niña estaba asustada, encogida sobre sí misma en una esquina de la habitación, no sabía nada de lo que le esperaba, pero presentía que algo estaba mal.

Una pequeña luz de esperanza brilló cuando llegó el padre de Rosa María, Jesús, pero rápidamente se extinguió cuando las mujeres, con fuerza que parecía sobrehumana, lo dominaron, lo golpearon y lo obligaron a limpiar la casa mientras ellas lo maldecían y le gritaban obscenidades. En cierto punto, Rosa lo acusó de también estar poseído por el demonio que también controlaba a Martín, el marido de María de los Ángeles.

Luego, Rosa le ordenó a Jesús que pusiera a la niña en la cama y que luego se fuera de la casa. El hombre, ya sea por cobardía o por miedo ante lo que parecía poseer a las mujeres, obedeció.

. . .

Así pues, la niña permaneció en ese lugar por varias horas, impotente ante la locura de su madre y las otras dos mujeres.

De repente, María de los Ángeles comenzó a sangrar por la vagina. Menstruación o no, Rosa estaba convencida de que un demonio estaba dominando a su amiga del alma y que quería poseerla. Así pues, Rosa intentó expulsar al supuesto demonio pateando y golpeando el vientre de María de los Ángeles. La vecina, quizás poseída por una fuerza maligna y cruel que ansiaba ver la destrucción y el sufrimiento de una niña inocente, dijo estas palabras, "¡Es la niña! ¡La niña está embarazada del Diablo!".

Así pues, Rosa, la madre de Rosa María, ordenó a las otras dos mujeres que sujetaran a la niña y comenzó a extraer el supuesto ser maligno de su hija. Sin entrar en detalles grotescos, la mujer evisceró a la niña por su vagina, mientras ella gritaba, "¡Mamá, acaba pronto!".

La madre, poseída por algo cruel y maligno, seguía y seguía mientras decía, "¡Otro! ¡Y otro demonio! ¡Coño, esto no se acaba nunca!".

. . .

Siguió sacando pedazos del cuerpo de su hija mientras alababa en vano el nombre de Dios. "¡Gloria al Espíritu Santo! ¡Gloria a Jesús! ¡Sal, cabrón!". Conforme sacaba tejidos y órganos sanguinolentos, Rosa decía, "Es un demonio, esto es un nido. ¡Aquí hay más!".

La madre se cansó de su labor, pero la crueldad no acabó ahí. Le pidió a María de los Ángeles que siguiera con el procedimiento, que claramente no era un exorcismo, sino la obra de un demonio cruel. La mujer siguió con la evisceración.

Lo peor del caso es que Rosa María estuvo consciente por varios minutos mientras todo eso sucedía. Murió por la pérdida de sangre. Para cuando las mujeres terminaron, 25 minutos después de comenzar, poco quedó intacto en el interior de la niña. Luego de eso, las mujeres comenzaron a bailar alrededor del cadáver.

Mientras tanto, Jesús y Ana estaban afuera de la habitación, del otro lado de la puerta cerrada, intentando calmar a Rosa. Mientras escuchaban los gritos de la niña, le gritaban a la mujer que se detuviera, que estaba matando a la niña.

. . .

Cuando por fin dejaron entrar a Ana a la habitación, Rosa cargaba el cadáver de su hija. En el piso había sangre y tripas. Antes de que pudiera hacer algo, Rosa acusó a Ana de la muerte de la niña, diciéndole que estaba poseída. Así pues, las mujeres la atacaron, intentando arrancarle los ojos. Esto se debía a que, supuestamente, si tocaban a la niña con los ojos de Ana, la pequeña iba a resucitar.

Las mujeres pelearon durante 15 minutos hasta que llegó la policía, rompiendo puertas. Jesús corrió a pedir ayuda.

Por fin llegaron los paramédicos de la Cruz Roja, quienes vomitaron al ver la escena. Se llevaron el cuerpo de la niña.

Llegó la policía municipal. Según el reporte, todas las imágenes religiosas, ya fueran estatuas, cuadros o estampas, habían sido destruidos por las mujeres. Ni una señal de la presencia de Dios ni de los Santos. En las paredes y en el piso había una asquerosa mezcla de fluidos, deshechos humanos, restos de órganos y pedazos de figuras religiosas como muestra de que habían seguido con el ritual que se puede considerar demoniaco.

· · ·

La policía arrestó a María Mercedes en el lugar, pero Rosa y María de los Ángeles lograron huir, sin embargo, lograron arrestar a Rosa y, poco después, a María de los Ángeles después de una persecución.

Dos años después, comenzó el juicio. Rosa no quiso declarar porque, según dijo su defensor, ella no recordaba nada de lo que había pasado. María Mercedes dijo que ella no sostuvo a la niña, que era de lo que se le acusaba, y que no se dio cuenta de que estaba muerta hasta que llegó la policía. María de los Ángeles igualmente decía no recordar nada.

Sin embargo, María Mercedes recordaba todo con exactitud y comentó todo lo que sucedió. Igualmente, en contraste, Rosa y María de los Ángeles vestían de luto, mientras que María Mercedes vestía con colores vivos y seductores, estaba atenta a todos los detalles durante el juicio e incluso habló con los medios de comunicación durante uno de los recesos. Ella fue la única que declaró.

Otro aspecto siniestro de este caso es que, según María Mercedes, ella no merecía ir a la cárcel porque ella estaba ayudando a la niña durante su evisceración, ya que le estaba sosteniendo la mano y le decía que todo iba a estar bien. Esa era su defensa.

A pesar de ser la única que testificó y relató con detalle todo lo que sucedió, la audiencia de Albacete sentenció que no se podía comprobar que María Mercedes hubiera participado directamente en el asesinato de la niña. A Rosa y a María de los Ángeles las declararon no responsables legalmente de los hechos por sufrir de un trastorno psicótico, de acuerdo con el examen psiquiátrico que se les realizó. Se dijo que actuaron en un estado psicótico agudo con alucinaciones.

Si se recapitula lo sucedido en todos los casos de posesión que hemos relatado, las personas poseídas manifestaban conductas que bien se podían comparar con la psicosis y las alucinaciones. Por lo que queda a discreción del lector determinar si las mujeres estaban poseídas o estaban en un estado de locura.

A Rosa y a María de los Ángeles se les multó con los costos del hospital de Ana, quien quedó con lesiones permanentes en los ojos, y se les condenó a siete años en un psiquiátrico, de los cuales, según otras fuentes, Rosa estuvo cuatro años y María de los Ángeles sólo uno.

Después de eso, María Mercedes y María de los Ángeles se mudaron a lugares distintos de España, mientras que Rosa dio entrevistas en las que pedían que la dejaran en paz, puesto que ya había cumplido su sentencia.

Según opiniones posteriores a los hechos, expertos dicen que a las mujeres no se les había diagnosticado ninguna enfermedad mental antes del hecho, por lo que no se les podía asignar un brote psicótico y pérdida de memoria. Es posible que las mujeres hubieran sufrido de una posesión demoniaca momentánea que, quizás, las exime de la culpa, o no, puesto que siempre estuvieron tentando al demonio con sus prácticas. Y, aunque no fuera posesión demoniaca, las mujeres demostraron una conducta que sí se puede calificar de demoniaca.

Las mujeres siguen libres hasta el día de hoy.

17

María Pizarro, de poseída a santa

Esta es una historia muy antigua y no tan conocida sobre una joven que fue poseída en el siglo XVI. Lo peculiar de esta historia es que llegó a involucrarse hasta la Santa Inquisición, la máxima fuerza religiosa en la región durante esos años. Es tan verídica esta historia que se puede encontrar en la "Historia del Tribunal de la Inquisición en Lima (1569-1829)".

María Pizarro era una joven de 19 años que nació en Lima, Perú. Su padre era el alcalde del lugar y su madre se dedicaba a vender el ganado de la granja familiar para pagar las necesidades de la familia. María tenía cuatro hermanos, de los cuales, Martín, el más joven, se volvió sacerdote; también tuvo dos hermanas, pero una murió ya mayor.

Como era acostumbrado en esa época, la madre no quiso que sus hijas aprendieran a leer ni a escribir, y más bien se les enseñaba a bordar y a coser. Igualmente, al llegar a la adolescencia, la madre metió a María en un convento, ya que no le veía disposición para ser una buena esposa y ama de casa, lo que se esperaba de una joven de aquella época.

Sin embargo, las monjas la expulsaron del monasterio por no saber leer ni tocar instrumentos, por sus maneras rudas y por no ser "una mujer aplicada". Además de eso, las mujeres religiosas la rechazaron por ver en ella una gran indisciplina, era mentirosa, presuntuosa, porque pecaba de la envidia y que tenía inclinaciones que, según ellas, no eran adecuadas.

En 1568, a sus 18 años, María sufrió de una enfermedad algo extraña que dejó su mente aturdida. Sus padres, viendo muy grave a la joven, la llevaron con los sacerdotes dominicos para la extremaunción. Estos sacerdotes fueron los primeros testigos de la extraña conducta de María. Ella se reía de la nada, sin que nada ni nadie la provocara, o eso creían. Igualmente, la joven gritaba sin ninguna provocación.

. . .

Después de que los sacerdotes revisaran su hogar en busca de las causas de esa extraña actitud, el líder de la compañía dominica descubrió el origen de los problemas. María estaba poseída por un demonio.

Luego de ese descubrimiento, repentinamente, María dejó de hablar y tampoco comió por 15 días, lo cual llegó a enfermarla gravemente. No obstante, su conducta se volvió más extraña y violenta. Gritaba y bramaba, saltaba y se lastimaba el rostro sin que nadie pudiera controlarla.

Esas fueron las pruebas suficientes, era definitivo que la joven estaba poseída.

Los padres acudieron al cura de San Sebastián, quien tenía experiencia con exorcismos. Varias personas se reunieron para presenciar el hecho y muchas confirmaron las extrañas actitudes de María, temiendo por la presencia demoniaca.

El rostro de María se contorsionaba en gestos grotescos, su cuerpo se movía violentamente e incluso era difícil retenerla entre tres hombres robustos. Los sacerdotes lo calificaron de espasmos demoniacos.

Para mayor confirmación, María confesó que se había ofrecido al demonio en una ocasión en la que estaba muy molesta. Poco después de eso, el ser maligno se le apareció debajo de una higuera y asumió la forma de un atractivo joven. Él le ofreció su servidumbre a cambio del alma de María. Ella accedió y le dio unas gotas de sangre que extrajo de su dedo medio, un mechón de cabello y un anillo color negro. A cambio de su ofrenda, el demonio le dio a María un fruto, una ensalada y un brebaje.

Los jesuitas y los dominicos quedaron impactados ante esa manifestación. El sacerdote Pedro de Toro dedujo que el pacto se había realizado dos años atrás, pues ese era el tiempo que tardaba un pacto en hacerse efectivo. Poco después, se realizó otra junta de religiosos y se acordó que debían exorcizar a María.

El ritual comenzó un viernes temprano y terminó al día siguiente. Durante ese tiempo, los sacerdotes interrogaban a la joven. En ocasiones, el demonio hablaba a través de ella y contestaba a las preguntas, pero no siempre era tan accesible. Cuando trataban de alimentar a María, ella escupía, vomitaba e incluso llegó a escupir hierbas.

. . .

Después de este rito, los sacerdotes acudieron al arzobispo, quien determinó que a la joven le faltaba comer, por lo que se la llevó a su casa donde la cuidó un tiempo y luego retomaron los exorcismos. Los sacerdotes se turnaban rezando por ella, día y noche, durante más de 30 días.

Creyeron que todo había terminado, pero los síntomas volvieron. Según dijo Fray Pedro de Toro, algunos demonios se habían escondido dentro de María. Así pues, siguiendo las instrucciones de su ritual de exorcismo, tenían que hacerlo dentro de una iglesia cuando hubiera muchos feligreses presentes.

El primer intento no funcionó, por lo que tuvieron que repetir el procedimiento en varias ocasiones. Según los registros históricos, llegaron a expulsar más de 80 demonios del cuerpo de María.

Debido a que corría el riesgo de volver a ser poseída, los religiosos se turnaban para cuidarla también de noche.

Pero los demonios persistían.

· · ·

A los sacerdotes no les quedó más remedio que ponerle grilletes en brazos y piernas para controlarla.

Ya que vieron que las manifestaciones se tornaban más violentas, los religiosos optaron por abofetear a María en un intento de expulsar a los demonios, pero eso sólo los hacía enfurecer más. Como eso no funcionaba, cambiaron de táctica.

Ahora intentaban ganarse su confianza, por lo que le regalaron dinero, vestidos y joyas. Así, los demonios se calmaron y, en una ocasión, revelaron el nombre de tres de ellos que residían en el cuerpo de María. Aunque los nombres dados parecían sospechosos, los Padres descubrieron que eran nombres falsos o alternativos que intentaban despistarlos, por lo que siguieron con el rito de exorcismo.

Fue entonces cuando descubrieron que los demonios se escondían en diferentes partes del cuerpo de María, como en su codo o en el pulgar. Igualmente, en vez de hacer sufrir a María, los demonios la seducían, le daban regalos y la hacían reír. La cuestión era que las personas a su alrededor simplemente veían que María se reía sola.

• • •

Los demonios solamente se tornaban agresivos cuando intentaban exorcizarla.

Durante uno de los ritos más intensos, sucedió algo milagroso. María atestiguó haber visto a dos espectros blancos entrar a la habitación, eran ángeles con armas blancas. Con una lanza, uno de los ángeles apuñaló a los demonios que iban saliendo del cuerpo de María. Luego, se volteó y le dijo que era San Gabriel y quien lo acompañaba era San Dioniso. Ambos regresaron durante varios días a combatir a los demonios expulsados.

Pero la dicha no duró tanto, puesto que María cayó en un estado letárgico por un tiempo, pero eso fue una breve prueba para la alegría que le esperaba.

Poco tiempo después, a María le llegaron revelaciones de los ángeles. Comunicó a los padres que ella había sido elegida por Dios y que quería hacerla su esposa, así pues, quería halagarla con dinero y joyas. Los sacerdotes estaban maravillados.

Algunos días después de eso, María comunicó a los sacerdotes que su boda estaba por celebrarse y que estaban presentes varios santos y ángeles. La Virgen María y José también acudieron y le rogaron que se apartara de los demonios. Jesús llegó colgado en su cruz y le mostró sus heridas santas, luego le pidió que se volviera su esposa.

A partir de ese momento, Jesús, a través de María, les dio instrucciones a los sacerdotes para continuar con el exorcismo. Debían buscar un conjuro romano sobre los humores y seguir las instrucciones que ahí estaban escritas.

Como agradecimiento, Jesús les ofreció regalos y profecías a los sacerdotes. Uno de esos regalos fueron unas estolas con las que podían curar a los enfermeros. Los ángeles les comunicaban hechos futuros, que les deparaban futuros llenos de gloria.

María seguía sufriendo de ataques que contorsionaban todo su cuerpo, además de cambios de humor repentinos que alteraban radicalmente su conducta. Por esa razón, siguió trabajando de la mano de Dios para exorcizar a los demonios en su interior.

. . .

Después de tres años de exorcismos inefectivos, uno de los sacerdotes reportó sus actividades a la recién formada Inquisición. La Santa Inquisición, que comenzó a funcionar en 1571, se dedicaba a cuidar que la población no entrara en contacto con herejes, así como también procuraba la difusión de la religión católica. La Inquisición comenzó a investigar.

En 1572, los agentes de la Inquisición arrestaron a los tres sacerdotes y a María, por perjurio, engaño y blasfemia, ya que, al parecer dos de ellos habían dejado embarazada a María. Después de unos años, uno de ellos murió después de salir de la cárcel, sin embargo, a otro de ellos se le sometió al tormento, es decir tortura. El objetivo era que confesaran sus pecados y salvarlos.

Después de confesar, los castigaron prohibiéndoles dar misa y confesar, además de expulsarlos a un convento, eventualmente desterrados a España. Uno de ellos se defendió diciendo que, todo ese tiempo, María estuvo poseída por ángeles. Llegó al punto de decir que era un nuevo profeta con la tarea de interpretar los mensajes de María Pizarro. La Iglesia lo condenó por hereje y lo quemaron en la hoguera.

. . .

María Pizarro, por su parte, confesó todo y colaboró con la Inquisición. Dijo que, cuando hablaban los ángeles a través de ella, entraba en un estado de trance, por lo que no recordaba nada de esos momentos. No obstante, confesó tener encuentros sexuales con el demonio y con uno de los sacerdotes.

En la cárcel, María enfermó gravemente y terminó por confesar todos sus pecados. La condenaron por hereje y le confiscaron todos sus bienes. Siguió viva por varios años más, arrepintiéndose y retractándose de varias cosas, menos de sus encuentros con el demonio, hasta que, en 1573, por fin, murió.

18

El hotel Driskill y la pintura poseída

El hotel Driskill en Austin, Texas, es famoso por una curiosa pintura que cuelga en sus paredes. A pesar de haber sido visitado por celebridades y gente importante, lo que más destaca de este hotel son las extrañas pinturas que cuelgan en sus paredes. Una de ellas, colgada en la pared del descanso de las escaleras, es la pintura del coronel Driskill que tiene una mirada algo perturbadora, ya que muchos dicen que sus ojos te siguen, que se siente la mirada penetrante a cualquier lado que vayas. Quizás eso tenga que ver con el relato de cuando una bala impactó la pintura cuando dos abogados estaban llevando a cabo un duelo hace muchos años.

El hotel fue inaugurado en 1886 por este coronel, quien padecía de una adicción a las apuestas y rápidamente perdió la propiedad en un juego de cartas. Cuatro años después, el coronel murió y muchos dicen que su espíritu todavía ronda por los pasillos del hotel por el arrepentimiento de haberlo perdido. A veces se puede llegar a oler el aroma de su cigarro preferido. Sin embargo, esta no es la pintura poseída.

En el quinto piso del hotel se puede encontrar la pintura de una niña rubia que sostiene unas flores en una mano y una carta en la otra. A primera vista, podría parecer una pintura normal, pero entre más se queda uno viendo al rostro de la niña representada, se pueden sentir cosas paranormales. A pesar de ser una pintura basada en una pintura más antigua llamada "Letras de amor", del artista Charles Trevor Garland, esta réplica se mandó a hacer después de un terrible accidente.

En 1887, se hospedó en el hotel el senador Temple Lea Houston y su familia que constaba de su esposa y dos hijos. Esto se debía a que, durante ese año, el capitolio del estado de Texas todavía estaba en construcción, por lo que la 20º legislatura se llevó a cabo en los salones de banquetes del hotel Briskill. Al ser uno de los senadores más ricos del estado, Houston se pudo dar el lujo de hospedarse en este mismo lugar.

. . .

La hija mayor, Samantha, adoraba jugar en cualquier oportunidad. Y estar de visita en un hotel lujoso no era la excepción. Una terrible noche, la niña sale de su habitación silenciosamente mientras su madre dormía y su padre trabajaba. Su inocencia la llevó a la muerte cuando perseguía una pelota de cuero y cayó por las escaleras. La pequeña niña se rompió el cuello y murió al instante. Tan sólo tenía cuatro años de edad.

Según los reportes de la investigación, el senador fue llevado inmediatamente a ver lo ocurrido y cayó devastado al ver el cuerpo de su hija. Algunos dicen que amenazó a la multitud con su pistola y que su amigo, el senador Richard Harrison, se la quitó antes de que hiciera daño a un inocente.

Antes del funeral, el senador se puso en contacto con un pintor local, William Henry Huddle, para que realizara una pintura que se pareciera a su hija fallecida, utilizando como modelo el cuerpo de Samantha. Después de que se terminaran los bocetos necesarios, el senador volvió a Mobeetie, Texas, donde enterró a su hija.

En 1888 el senador volvió y pronunció un discurso por la inauguración del edificio del capitolio.

En ese discurso también rindió homenaje a su difunta hija que había muerto mientras jugaba y ellos realizaban una sesión legislativa. Ese discurso y el reporte del juez de instrucción son los únicos documentos que relacionan a Samantha con el hotel Driskill.

El hotel cerró por un tiempo y el hecho de la muerte de la niña se manejó de forma discreta. Sin embargo, el senador Temple nunca volvió por la pintura que había encargado. En su lugar, el coronel Driskill compró la pintura y la colgó en la pared de la escalinata del hotel.

Años después, en 1905, el senador murió y, en 1938, murió la madre de la niña.

Desde que Driskill perdiera el hotel ante las manos de su cuñado, Jim Day, ya corrían las historias de que la pintura de Samantha estaba poseída por el mismo espíritu de la niña, por lo que fue almacenado en un armario hasta que el nuevo dueño, en 1903, sacó la pintura y la colgó en el pasillo del quinto piso en donde todavía hoy sigue colgada.

. . .

La madre de Samantha donó al hotel retratos individuales de ella y de su marido en 1906. Se colgaron junto a la pintura de la niña. Muchos visitantes y trabajadores llegaron a presenciar que las pinturas de los padres se cayeran sin que nadie las tocara ni que el viento las moviera. Así pues, las pinturas fueron clavadas a la pared.

Durante todo el tiempo que la pintura ha estado colgada, muchos visitantes y trabajadores dicen haber visto que la expresión de la niña cambiara repentinamente. Otros dicen sentirse mareados o enfermos cuando se quedan viendo la pintura por mucho tiempo o tener una sensación de que flotan.

Igualmente, los empleados y los visitantes solían dejar caramelos para la niña en una mesa que se encontraba bajo la pintura. Sin falta, los dulces desaparecían. Cuando se interrogó a los guardias nocturnos sobre la desaparición de los dulces, ellos decían haber visto cómo se desvanecían frente a sus ojos. Durante una renovación del hotel, se descubrieron muchos de los caramelos detrás de la pintura de la niña. Nadie sabe cómo llegaron ahí exactamente.

. . .

Otra manifestación de la presencia del espíritu en la pintura es que algunas personas han dicho ver a una niña pequeña vagando por la zona, jugando con una pelota e incluso han escuchado durante la noche risillas infantiles en el piso en el que murió.

Más que un fantasma, muchos dicen que la pintura está poseída por el espíritu de la niña. No es una presencia maligna ni que quiera hacer daño a los demás, solamente está ahí para recordar los momentos divertidos de su vida antes de morir.

Conclusión

La mayoría de los casos de posesiones suelen ser por uno o varios demonios, ya que los espíritus prefieren rondar en forma de fantasmas y no hacer daño a las personas. En muchas ocasiones, la posesión demoniaca se debe a que la misma persona provocó la presencia de los seres malignos al pedir su ayuda o vender su alma. En otros tantos casos se debe a que otra persona embruja a la víctima para tratar de conseguir algo de ella.

La posesión se puede realizar en objetos y en seres vivos, por lo que los animales y los seres humanos son propensos a padecer de esta terrible actividad paranormal.

Sea cierto o no, las víctimas sufren de terribles síntomas que suelen ser dolorosos de vivir y terribles de observar.

Las posesiones suelen caracterizarse por convulsiones, levitar, hablar con otras voces o en otros idiomas, maldecir y blasfemar, gritar, gruñir y realizar sonidos que no parecen humanos ni naturales.

Desafortunadamente, las víctimas suelen sufrir demasiado y toda esta aflicción suele ser provocada por un ser humano que no comprende sus límites. En ocasiones, que podríamos decir que son incluso peores, las víctimas son completamente inocentes y simplemente han sido elegidas por la diversión de los seres malignos.

Si algo podemos aprender de todas estas historias es que hay que tener cuidado con lo que se desea y ser más humildes como seres humanos ante el poder de lo que no comprendemos. O simplemente no meterse con fuerzas que van más allá de nosotros.

Sin embargo, una cosa es segura. Todos los casos que proclaman ser una posesión demoniaca suelen implicar terribles sufrimientos y agonías que nadie debería padecer, desde asesinatos hasta violaciones y robos.

Depende del lector decidir si las historias que ha leído son mera ficción o son acontecimientos que desafían la razón humana.

Referencias

Ðєathcяysh. (08 de mayo de 2018). *Amino.* Posesiones demoniacas en animales. https://aminoapps.com/c/creepypastasamino-1/page/blog/posesiones-demoniacas-en-animales/Rr4z_5PMTwuLQmdn26ZZl2lmjkP2GkpxYY0

BBC News (17 de enero de 2020). *BBC.* Panama: Seven people found dead after suspected exorcism. https://www.bbc.com/news/world-latin-america-51144629

Castaño, J. (31 de octubre de 2018). *RCN Radio.* ¿Existe realmente la posesión demoníaca? Un exorcista habla sobre el tema. https://www.rcnradio.com/entretenimiento/cultura/cuales-son-las-formas-de-posesion-demoniaca

Cushman, P. (29 de octubre de 2019). *ABC 7 On Your*

Side. 'I could see the demons': An exorcism in Arkansas. https://katv.com/news/local/i-could-see-the-demons-an-exorcism-in-arkansas

Espallargas, A. (16 de enero de 2020). *ABC Internacional*. Una secta exorcista asesina a siete personas en Panamá. https://www.abc.es/internacional/abci-encuentran-siete-cadaveres-fosa-panama-donde-actua-peligrosa-secta-202001160902_noticia.html

Eva. (13 de septiembre de 2020). *A Bag Packed*. Death at The Driskill Hotel: A Ghostly Story of Samantha Houston. https://abagpacked.com/2020/09/13/death-at-the-driskill-hotel-a-ghostly-story-of-samantha-houston/

Getlen, L. (7 de marzo de 2020). *New York Post*. How an exorcist priest came face-to-face with the devil himself. https://nypost.com/2020/03/07/how-an-exorcist-priest-came-face-to-face-with-the-devil-himself/

Kwiatkowski, M. (27 de enero de 2014). *USA TODAY*. Strange events lead Ind. family to resort to exorcism. https://www.usatoday.com/story/news/nation/2014/01/27/family-possessed-seeks-exorcism/4939953/

Leyendas Legendarias (15 de mayo de 2019). *E11: La Exorcista de Almansa (con Mario Capistrán)* [Video]. Youtube. https://www.youtube.com/watch?v=xiSrSG5Mess

Leyendas Legendarias (21 de octubre de 2020). *E86: La Posesión de María Pizarro* [Video]. Youtube.

https://www.youtube.com/watch?v=9JecqMnd91o&list=WL&index=2

McNabb, M. (18 de marzo de 2019). *Texas Hill Country*. Is this Painting in the Driskill Hotel Haunted by a Little Girl's Ghost? https://texashillcountry.com/haunted-painting-historic-driskill-hotel/

Millar Carvacho, R. (2007). Entre ángeles y demonios. María Pizarro y la Inquisición de Lima 1550-1573. *Historia, Vol II* (n° 40), 379-417. http://revistahistoria.uc.cl/index.php/rhis/article/view/10768/9932

Posesión demoníaca. (20 de enero de 2021). *Wikipedia, La enciclopedia libre*. Fecha de consulta: 11:35, 7 de mayo de 2021 desde https://es.wikipedia.org/wiki/Posesi%C3%B3n_demon%C3%ADaca

Reynolds, J. (18 de octubre de 2016). *BBC*. Exorcism in Italy a job 'too scary' for young priests. https://www.bbc.com/news/world-europe-37676977

S.a. (s.f.). *The Dark Histories Podcast*. The Yatton Demoniac: George Lukins. https://www.darkhistories.com/the-yatton-demoniac-george-lukins/

Villatoro, M. P. (10 de mayo de 2016) *ABC Historia*. El exorcismo en el que una española destripó a su hija «satánica». https://www.abc.es/historia/abci-exorcismo-espanola-destripo-hija-satanica-201605100123_noticia.html

WKYC Staff (31 de octubre de 2016). *WKYC*. Indiana family has a real-life exorcism story. https://www.wkyc.com/article/news/nation-now/indiana-family-has-a-real-life-exorcism-story/95-345008546

www.ingramcontent.com/pod-product-compliance
Lightning Source LLC
LaVergne TN
LVHW021720060526
838200LV00050B/2762